Parenting as an Art

汤奶奶育儿经

[澳大利亚] 汤·彻丽（Thanh Cherry）
简·汉克尔（Jane Hanckel）/著

官志红 欧阳锋/译

长江出版传媒 湖北科学技术出版社

图书在版编目（CIP）数据

汤奶奶育儿经 /（澳）汤·彻丽（Thanh Cherry），（澳）简·汉克尔（Jane Hanckel）著；官志红，欧阳锋译. -- 武汉：湖北科学技术出版社，2017.12
ISBN 978-7-5352-9850-8

Ⅰ.①汤… Ⅱ.①汤…②简…③官…④欧… Ⅲ.①儿童教育—家庭教育 Ⅳ.①G781

中国版本图书馆CIP数据核字(2017)第281140号

著作权合同登记号　图字：17-2017-371
PARENTING as an ART-the Essential Guide for Parents from Pregnancy to 7 Years.
Copyright © Inspired Education Pty Ltd by Author Thanh Cherry, Illustrated and edited by Jane Hanckel
Translated from the English version 'eco Parenting as an Art'
Published by Inspired Education Pty Ltd
All Rights Reserved

责任编辑	李　佳　阮　静
封面设计	尚上文化
出版发行	湖北科学技术出版社
地　　址	武汉市雄楚大街268号
	（湖北出版文化城B座13-14层）
电　　话	027-87679468
网　　址	http://www.hbstp.com.cn
邮　　编	430070
印　　刷	三河市华晨印务有限公司
开　　本	889×1194　1/20　11.5印张
版　　次	2017年12月第1版
	2017年12月第1次印刷
字　　数	180千字
定　　价	88.00元

（本书如有印刷问题，可找市场部更换）

爱的流淌（代序）

1997年5月的一个清晨，在英国的乡下，当我家老二时鸣在家中出生时，汤（Thanh）就像妈妈一样陪伴在我们身边，如天籁之音的莱雅琴乐曲从她的指尖徐徐流淌出来，让温馨的房间充满了祥和、神圣的氛围，加上助产士的温暖和专业，生产过程出乎意料地顺利平稳。然后，为了保证我和宝宝能静养，汤又帮助照顾我家老大时语和接待那些前来祝贺的朋友们。

可惜那时年轻的我还不太懂华德福教育，虽然能感受到美好和神圣，心里却疑问汤为什么那么轻柔，为什么她要弹奏莱雅琴而不放CD，为什么她要请朋友们不要进入房间。

时光流逝，今天，汤已经成了中国华德福幼儿园的孩子们、老师们和家长们共同的奶奶，她竭尽全力地把她的健康育儿经验传播出去，创建了中国大陆的华德福幼教体系，让家长和老师们能有方法和途径去营造一个符合儿童身心发展的环境，帮助孩子们成长为身心健康，具有独立思想、丰富感受、坚韧意志的人。而我自己不仅仅是三个孩子的妈妈，也成为了一名教育工作者，当然也明白了她当年所做事情的原因和意义。

这次在审订汤这本育儿书籍的过程中，当年那温馨一幕时常浮现在我的眼前。一方面令我心生感恩，能有这么好的一位祖母，这么好的一位教育家照顾我和孩子们，是多么幸运呀！另一方面我也感慨，如果在我的老大出生之前就读到这些内容，那该多好！因为就像每个妈妈一样，我也希望把最好的东西给予自己的孩子。

俗话说三岁看大，七岁看老，幼儿所体验的一切是他们未来生命的基础，无论未来的身体健康情况，还是心理、智力和意识等方面的发展，都是在幼儿期建立的平台上逐渐展开和发展起来的。所以如何帮助孩子健康平衡地成长，是所有父母和幼儿老师的核心职责。然而在现实中，很多父母和老师在如何辨识和实践健康育儿理念及方法中，常常有很多困惑和不知所措的焦虑。为什么，怎么做，几乎成了所有父母常常关注的问题。

而在这本书里，汤以温暖的关怀体贴，从专业的角度把那些健康的育儿理念和方法娓娓道来，通过那些简单易懂的语言，图文并茂的设计，全面地把儿童发展、健康养育、可能遇到的困难、父母的成长等内容都系统地呈现出来。尤其把儿童每个阶段的发展特质都描述得清晰明了，并给予非常实际的建议，所以，这是一本相当具有实践性和操作性的专业育儿书，能帮助大家从中明白为什么和怎么做。

另外，这本育儿书籍的国外出版机构 Inspir=Ed 的创办人简也是我多年的朋友。她的女儿艾米莉曾在汤的幼儿园度过，又在华德福学校长大。2005 年，她 17 岁的时候来到成都华德福学校生活学习了三个月。她是一个温和、善良、能干、充满艺术气质的美丽少女。在当年极其简陋不便的生活条件中，在完全不同的语言和文化中，她总能微笑着，保持一种乐观、包容、积极主动的态度在校园里工作学习，给大家留下深刻的印象。我相信艾米莉这些美好品质一定和她曾经享有的健康养育是分不开的。

基于多年的经验和切身体会，十几年前，简和汤都强烈地意识到应该用一种简单易懂的方式把那些健康的养育方法分享出去，让更多的父母们受益，让更多的孩子能健康地成长。就这样，在良好意愿和强大实践力的推动下，这本育儿书籍就出来了。

当我第一次看到这本书，就被它的单纯朴实、有趣生动、精美画面所感动，汤那浓厚的爱和丰富的经验都蕴含在字里行间。如今，这本书的中文版即将问世了，这实在是一件令人欢欣鼓舞的事情。我相信所有的父母们、祖父母们、照顾孩子的大人、幼儿教师们都能从这本书中获得丰富而有效的健康育儿理念和方法。

张俐
成都华德福学校创始人之一
中国第一位华德福幼教老师
中国华德福幼儿教育论坛主席

前 言
揭开幼儿教育的秘密

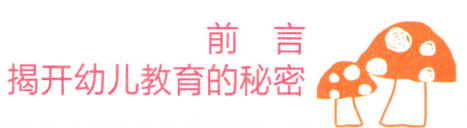

（根据汤·彻丽 2014 年 11 月在北京所作的公益演讲整理）

童年，特别是儿童早期，被普遍理想化地认为是最美丽的、甜蜜的、无忧无虑的时期，因此是最宝贵的一段生命。的确，它本应当如此。还有什么别的方式可以描述和展望幼儿的生命呢？难道被剥夺的、忽视的、无爱的童年只是少数几个不幸的例外吗？

有人会说，更加现实的状况是，大多数儿童早期会经历混合的时期——有的时候是快乐的、被滋养的、强有力的，有的时候是悲伤的、挫折的甚至有破坏性的。所有这些，因为家庭状况、个人性格和命运相关的因素不同，会有不同程度的起伏变化。这并不是说充满爱和呵护、温暖和安全的童年就不存在。我们作为大人的任务就是确保全世界的少年儿童享有美好的童年。成功的道路始于足下，只要在家和幼儿园，随时都可以开始。

我们怎么帮助幼儿快乐、健康地成长呢？我们怎么保护儿童的权利（1989 年联合国颁布《儿童权利公约》），让儿童得到爱、自由发展和幸福？我发现有三个秘密或真理，可以帮助我们实现这一目标：第一，视儿童为有尊严的、普通的人，按照儿童发展的通则陪伴他共同走向成熟；第二，全面看待儿童为一个有特殊经历、特别优势和挑战的独特个体；第三，认识到通过好的养育和教育实践，就可以成功治愈儿童疾病和克服儿童早期养育的许多困难。

我们需要揭开的第一个秘密是，理解儿童的普遍性。任何儿童都具有这种性质，不管他是什么种族、出身和文化背景。重要的是，应把孩子视为拥有地球上人的特点的普遍人类。从这个意义上讲，每个儿童都有正在发展的物质身体，包括重要的内部器官如心、肺、胃、肾、脑等，和外部感觉器官如眼、耳、鼻、舌、皮肤。这个小孩也有充沛的生命力和塑造力，这对他的身体、情感和精神成长是必不可少的。尤其是他有灵魂精神面，可以决定他自己的灵魂、生命和个性。与孩子是由物质身、灵魂和精神构成的三元存在的人，有着普遍的发展阶段——0 岁到大约 3 岁为身体约束、感官阶段；3 岁到 5 岁为灵魂生命萌芽阶段；5 岁到 7 岁为四肢伸展阶段，社交能力提高，智力持续发展。

从 0 岁到 3 岁的第一个阶段是学习人的最基本能力——走、说和思维的萌芽阶段，也是第一次觉知到"我"的阶段。在这个时期和以后的每个时期，都会出现某些发展的"危机"。安全、爱、安静、温柔触摸、日常节奏以及父母的指导和榜样，都是孩子健康成长的前提。从 3 岁到 5 岁的第二个阶段是儿童经历灵魂发展，充满幻想和想象的阶段。这些都可以从他们的高度创新——无休止的玩耍、经历和学习中表现出来。这时，一个有感觉的、艺术的和社会的人诞生了。然后，所有早期的变化和转变在最后一个，即第三个发展阶段达到顶峰。5 岁到 7 岁的孩子现在有行动自如的身体、流利的语言、敏锐的意识和极富想象和创造的思维，已向下一个阶段，即小学成长和学习阶段迈出了一步。

我们下面揭开第二个秘密或真理，就是把儿童看做一个有自己人生传记的个体，虽然他的传记有限。我们可以深入探究儿童出生的特定状况，家庭排列中的单一行为和生命模式，儿童的培养和教育，家庭外的社会关系和每个人个性揭示的"命运"或未来归宿。儿童心理和教育方面的个案研究，无论什么方向的，都极大地促进了对个体儿童的理解。他们对儿童成长过程的各个方面——每个孩子成熟前遇到的障碍和小问题都做了分析和记录。即使拥有最好的教育机会，在最有爱的、家学浓厚的家庭背景下养育长大的孩子，有时也会面临各种挑战，却在其他时候显示出特殊的天赋和才能。他甚至可能有严重的症状，比如多动症，以及非社会性行为、没有同伴关系、不能玩耍、心情沮丧或缺乏自信等问题。为了帮助解决这些问题和引导儿童发展到最大潜能，父母和教育工作者首先应当把孩子作为一个普通意义上的人，尤其作为一个个体来看待，然后再对要考虑的困难或问题进行各种复杂的和不同层次的研究。

自从人类进入现代文明和技术阶段，全球的儿童发展似乎充满挑战和困难。上面提到的问题大多是所有的幼儿园里普遍存在的，也是家长、老师和卫生保健人员在面对它们时常常感到无助的。因此揭开第三个秘密是鼓舞人心的——这些疾病大多数都能治愈，或至少可以得到帮助。极端的状况，比如身体或精神恶习引起的，可能需要专业干预和治疗，但是家长和老师的帮助也是必不可少的。比较好的状况是，成人对孩子保持爱的、积极的态度和柔和的姿态能让状况取得惊人的效果。不论采取哪一个步骤，都应当包括爱、对孩子是个个体的深入认识、孩子的发展阶段和共同伴随的挑战、儿童的特定问题和问题的众多解决方法。因此，一种适当的始于家庭的儿童教育，可以避免小障碍变成巨大的绊脚石。同时，等到孩子的优势和能力发展起来后，他自己就会学会平衡和克服弱点，将之前的问题纠正过来。

这些幼教思想理念，在世界任何地方的斯坦纳或华德福幼儿园里，都得到广泛的认可和运用。本书除了阐述这些幼教思想理念外，还有实际的建议，希望对那些想理解孩子面临的挑战和找寻有意义的方法来帮助孩子的父母有用。书中讲到的方法，如果被创造性地加以运用，将会成为孩子成长道路上对他们有帮助的强有力的转变工具。和大人一样，孩子也是在迎接挑战和克服挑战中成长起来的。他们需要我们助他们一臂之力。

汤·彻丽

作者的话

汤·彻丽

　　孩子是我们的未来。你的孩子也是你的老师。我希望本书让你发现健康、有益的方法，帮助孩子展现完成未来使命的潜能。除了营造一个安宁和谐的环境，建立一种温暖和爱的关系，维持一种柔和、舒适的状态，你还可以培养你身上仍然潜在的多种品质。我们需要不断地提高自己，才能陪伴孩子到成年。他会是第一个给我们指出怎么做此事的人。

简·汉克尔

　　我相信《汤奶奶育儿经》会提供给读者一个机会，去发现已普遍被证明是正确、健康的育儿方法。本书充分肯定和激发孩子有想象力和创造力的内在精神，从而使儿童充分发挥身体、社会、情感和精神的潜能。愿您在陪伴孩子的路上通过孩子的神采、光和温暖，帮助你与你自己的感知、快乐、智慧和灵感产生连接。

目录

0～1岁

第一章　孕育　　　　　　　　　　　　　　　　　004

　　一、迎接孕期 …………………………………… 004
　　二、孕期护理 …………………………………… 004
　　三、食物与营养 ………………………………… 005
　　四、孕妈妈的健康 ……………………………… 006
　　五、孕期性爱 …………………………………… 007
　　六、孕期支持 …………………………………… 008
　　七、为宝宝出生做准备 ………………………… 009
　　八、工作与怀孕 ………………………………… 010
　　九、孕期的问题 ………………………………… 011

第二章　分娩　　　　　　　　　　　　　　　　　012

　　一、分娩的处所和方式 ………………………… 013
　　二、分娩的准备 ………………………………… 014
　　三、分娩时的支持 ……………………………… 014
　　四、分娩后的性爱 ……………………………… 015

第三章　初为人父母　　　　　　　　　　　　　　016

　　一、休息和放松 ………………………………… 016
　　二、亲子连接 …………………………………… 016

三、应对紧张和抑郁 …………………………………… 017
四、酒精、香烟、某些药物 …………………………… 018
五、互助网络 …………………………………………… 018
六、单亲父母 …………………………………………… 018
七、婴儿与兄弟姐妹的关系 …………………………… 019
八、安抚奶嘴 …………………………………………… 019

第四章 宝宝的喂养　　020

一、母乳喂养 …………………………………………… 021
二、代替母乳喂养 ……………………………………… 021
三、喂奶节奏 …………………………………………… 022
四、断乳 ………………………………………………… 022
五、添加辅食 …………………………………………… 023
　　关于喂养的说明 …………………………………… 027

第五章 宝宝的照料　　028

一、衣物与卧室 ………………………………………… 029
二、洗澡 ………………………………………………… 029
三、按摩与抚触 ………………………………………… 029
四、睡眠 ………………………………………………… 030
　　包裹婴儿 …………………………………………… 030
五、背抢宝宝 …………………………………………… 031
六、宝宝的出行 ………………………………………… 031

第六章 婴儿的发育　　032

一、语言和运动 ………………………………………… 034
二、和宝宝玩耍 ………………………………………… 035

三、节奏、习惯和重复 ⋯⋯⋯⋯⋯⋯⋯⋯⋯⋯⋯⋯⋯⋯⋯ 036
　　四、玩耍和玩具 ⋯⋯⋯⋯⋯⋯⋯⋯⋯⋯⋯⋯⋯⋯⋯⋯⋯ 036
　　五、歌曲和游戏 ⋯⋯⋯⋯⋯⋯⋯⋯⋯⋯⋯⋯⋯⋯⋯⋯⋯ 037
　　六、特殊需求或残障 ⋯⋯⋯⋯⋯⋯⋯⋯⋯⋯⋯⋯⋯⋯⋯ 037

第七章　营造温暖、安全的环境　　038

　　一、视觉 ⋯⋯⋯⋯⋯⋯⋯⋯⋯⋯⋯⋯⋯⋯⋯⋯⋯⋯⋯ 038
　　二、声音 ⋯⋯⋯⋯⋯⋯⋯⋯⋯⋯⋯⋯⋯⋯⋯⋯⋯⋯⋯ 038
　　三、电视 ⋯⋯⋯⋯⋯⋯⋯⋯⋯⋯⋯⋯⋯⋯⋯⋯⋯⋯⋯ 038
　　四、家庭及花园安全 ⋯⋯⋯⋯⋯⋯⋯⋯⋯⋯⋯⋯⋯⋯⋯ 038

第八章　户外儿童看护　　040

　　一、平衡工作和家庭 ⋯⋯⋯⋯⋯⋯⋯⋯⋯⋯⋯⋯⋯⋯⋯ 040
　　二、儿童看护类型 ⋯⋯⋯⋯⋯⋯⋯⋯⋯⋯⋯⋯⋯⋯⋯⋯ 040
　　三、获得支持 ⋯⋯⋯⋯⋯⋯⋯⋯⋯⋯⋯⋯⋯⋯⋯⋯⋯⋯ 041

第九章　宝宝的健康　　042

　　一、与宝宝建立感情 ⋯⋯⋯⋯⋯⋯⋯⋯⋯⋯⋯⋯⋯⋯⋯ 042
　　二、儿童疾病与疫苗 ⋯⋯⋯⋯⋯⋯⋯⋯⋯⋯⋯⋯⋯⋯⋯ 042
　　三、暴力和虐待 ⋯⋯⋯⋯⋯⋯⋯⋯⋯⋯⋯⋯⋯⋯⋯⋯⋯ 042
　　四、意外和急救 ⋯⋯⋯⋯⋯⋯⋯⋯⋯⋯⋯⋯⋯⋯⋯⋯⋯ 042
　　五、孩子与宠物 ⋯⋯⋯⋯⋯⋯⋯⋯⋯⋯⋯⋯⋯⋯⋯⋯⋯ 043
　　六、户外活动 ⋯⋯⋯⋯⋯⋯⋯⋯⋯⋯⋯⋯⋯⋯⋯⋯⋯⋯ 043
　　七、生育计划 ⋯⋯⋯⋯⋯⋯⋯⋯⋯⋯⋯⋯⋯⋯⋯⋯⋯⋯ 043

第十章　支持你自己　　044

1～3岁

第一章　孩子的成长　　048

　　一、引言 …………………………………………………… 049
　　二、直立和行走 …………………………………………… 049
　　三、空间和自由 …………………………………………… 050
　　四、学步车、学步背带和婴儿摇椅 ……………………… 051
　　五、模仿 …………………………………………………… 051

第二章　孩子的安全　　052

　　一、居家安全 ……………………………………………… 052
　　二、防止中毒 ……………………………………………… 053
　　三、注意宠物 ……………………………………………… 053

第三章　语言发展　　054

　　一、语言发展的阶段 ……………………………………… 054
　　二、为什么会有"为什么"问题 ………………………… 055
　　三、语言和运动 …………………………………………… 056
　　　　童谣 ………………………………………………… 057
　　四、模仿 …………………………………………………… 061
　　五、思考 …………………………………………………… 061

第四章　更多关于成长中的孩子的养育　　062

　　一、节奏、仪式、重复 …………………………………… 063

二、食物 ··· 063
　　　　餐前歌曲 ··· 064
　　三、穿着 ··· 064
　　四、盥洗、刷牙和洗澡 ····································· 065
　　五、睡眠与休息 ··· 066
　　　　用餐感恩 ··· 068
　　　　音乐：感恩歌曲或摇篮曲 ······························· 070

第五章　孩子的进一步发展　　072

　　一、体验、探索和模仿 ····································· 072
　　二、玩耍和玩具 ··· 073
　　三、设一个玩耍角 ··· 073
　　　　钩织玩绳 ··· 076
　　四、"烦人的两岁" ··· 078
　　五、创造性的纪律 ··· 078
　　六、大小便训练 ··· 079

第六章　平衡工作和家庭　　080

　　一、儿童看护 ··· 081
　　二、儿童看护类型 ··· 081
　　三、活动小组 ··· 082

第七章　支持你自己　　084

005

3～5岁

第一章　成长中的孩子　　090

　　一、幻想与想象的年龄 …………………………………… 090
　　二、我和世界 ……………………………………………… 091
　　三、玩耍——幻想和想象 ………………………………… 092
　　四、社交 …………………………………………………… 092
　　五、模仿 …………………………………………………… 094
　　六、节奏、仪式和重复 …………………………………… 094
　　七、为什么要坚持重复和节奏 …………………………… 095

第二章　在家中　　098

　　一、室内活动——花园与宠物 …………………………… 098
　　二、家庭环境 ……………………………………………… 098
　　三、电脑、电视、游戏机和移动电话 …………………… 100
　　四、玩具 …………………………………………………… 100
　　五、给孩子多少玩具才够呢？ …………………………… 102
　　六、室外活动空间——孩子的花园 ……………………… 104

第三章　更多关于儿童发展的情况　　106

　　一、纪律 …………………………………………………… 107
　　二、疾病和康复 …………………………………………… 108
　　三、生日庆典 ……………………………………………… 108
　　　　柠檬足浴 ……………………………………………… 109

四、庆祝生日——为什么不用邀请太多客人 …………………… 110
五、分居和离婚 ………………………………………………… 111
　　生日故事范例 …………………………………………… 112
六、行为问题 …………………………………………………… 115
七、残障 ………………………………………………………… 115

第四章　艺术活动　　　　　　　　　　　　　　　118

一、艺术活动 …………………………………………………… 119
二、绘画 ………………………………………………………… 119
三、湿水彩 ……………………………………………………… 121
四、作画步骤 …………………………………………………… 121
五、蜂蜡塑形 …………………………………………………… 123
六、烘焙 ………………………………………………………… 124
七、唱歌 ………………………………………………………… 125
八、讲故事 ……………………………………………………… 126
九、手指游戏、手势游戏和运动游戏 ………………………… 128
　　适合幼儿的音乐 ………………………………………… 129
　　歌曲 ……………………………………………………… 132
　　手指游戏 ………………………………………………… 133
　　手势游戏 ………………………………………………… 134
十、给孩子的书 ………………………………………………… 135

第五章　支持你自己　　　　　　　　　　　　　　136

5～7岁

第一章　长大　　140

一、前言 …………………………………………… 140
二、身体的变化 …………………………………… 140
三、自主的和有意义的玩耍 ……………………… 141
四、6岁的孩子如何玩耍 ………………………… 141
　　翻绳游戏 …………………………………… 145
　　动作歌曲 …………………………………… 146

第二章　你孩子的成长　　148

一、语言和思考能力的发展 ……………………… 148
二、嘲讽粗鲁的韵文、窃窃私语和嬉笑、骂人的脏话 … 149
三、意识的发展 …………………………………… 151
四、情感的发展——"小青春期" ………………… 152

第三章　承担责任　　154

一、以成人为典范 ………………………………… 155
二、模仿真实的工作 ……………………………… 156
三、手工的重要性 ………………………………… 157
四、缝纫和刺绣 …………………………………… 158
五、布偶制作 ……………………………………… 159
六、木工 …………………………………………… 160
七、锯东西 ………………………………………… 160

八、锤子和钉子 ·· 160
　　九、木锉 ·· 160
　　十、社交 ·· 162
　　十一、承担责任 ·· 162

第四章　艺术和手工　　164

　　一、5~7岁孩子的艺术和手工 ······················ 164
　　二、艺术 ·· 164

第五章　纪律约束、创造性的疗愈与生日故事　　168

　　一、纪律约束 ·· 169
　　二、疗愈故事 ·· 170
　　　如何创作疗愈故事 ································· 171
　　　小扫帚 ·· 172
　　三、生日故事 ·· 174
　　　一个有意义的5~7岁的生日庆祝会 ············ 175
　　　生日故事 ··· 176

第六章　学前准备　　178

　　学前准备观察 ·· 180
　　一、再婚家庭 ·· 181
　　　解决不良语言和行为问题 ······················· 182
　　二、分居之后的三种父母关系 ····················· 183
　　　管理冲突 ··· 184
　　　化解冲突 ··· 184

三、和兄弟姐妹的关系 ………………………………………… 185
　　四、性和性别典范 ……………………………………………… 186
　　五、收养的孩子 ………………………………………………… 187

第七章　家庭之外　　　　　　　　　　　　　　　　　188

　　一、回去工作 …………………………………………………… 188
　　二、儿童看护 …………………………………………………… 189
　　三、儿童看护类型 ……………………………………………… 190
　　四、放学后玩耍 ………………………………………………… 190
　　五、在外过夜 …………………………………………………… 192

第八章　父母也要支持自己　　　　　　　　　　　　　194

　　一、做父母的，也要给自己支持 ……………………………… 194
　　　　营养浴 …………………………………………………………… 195
　　二、0～7岁的反思与总结 ……………………………………… 197
　　　　静思儿童 ………………………………………………………… 197
　　三、7～14岁孩子未来的期望 ………………………………… 198

手工玩具：大人和大孩子的活动　　　　　　　　　　200

　　打结布偶 ………………………………………………………… 200
　　羊毛球 …………………………………………………………… 204

致谢　　　　　　　　　　　　　　　　　　　　　　208

养育的艺术
是激发孩子生活、
爱和学习的艺术。

0~1岁

第一章 孕育

生命诞生或孕育的时刻，无疑是意义非凡的。新的生命诞生在这个星球，是创造，是新潜能的标记。

对于发展中的胎儿、成长中的孩子以及父母来说，孕育是一段旅程的起始。

一、迎接孕期

无论在什么情况，只要以正向的情感和爱来宣告婴儿的到来，都会对婴儿的发展有好处。

在整个孕期，要倾听你的直觉，吃健康的食物，给自己和伴侣留出时间。有规律地锻炼，练习放松。

二、孕期护理

1. 产前保健：产前要定期评估妈妈和胎儿的健康状况。在 9 个月的孕期内，要去见健康护理专家 8～10 次。产前需要获得母乳喂养、乳头护理、孕妈妈身体变化等有用的信息。去上分娩、产前班是从其他父母那里学习怀孕、分娩和初为人母知识的很好途径。

2. 护理选择：孕期护理可以由助产士、全科医生、产科医生单独承担，或者由他们共同承担。现在人们可以选择由助产士主导的护理、全科医生和助产士共同护理，以及产科医生和私人医院护理。和你当地的医院联系，看看他们提供的护理服务，选择最适合你和你的伴侣的护理。

3. 孕妇晨吐：呕吐在怀孕早期是很常见的，它可能出现在一天的任何时间。这跟激素水平的升高有关，是你的身体应对和适应孕期变化的一种方式。孕吐一般在怀孕第12周左右减轻。倾听你的身体，从伴侣、其他家人、朋友、助产士、医生或健康护理人员那里寻求支持和理解。和你的助产士谈谈——有很多安全的自然疗法可以帮助你的身体来适应孕吐，如穴位按摩、针灸、草药茶。少数孕妈妈会有严重的孕吐，还可能出现脱水。如果你感到担心，请寻求助产士或医生的帮助。

三、食物与营养

吃健康食物很重要。可能的话，吃新鲜的有机食物。杀虫剂和化学残留物

孕 育

- 吃健康的食物，定期锻炼、休息和放松。
- 通过触摸、音乐和想象一种充满爱的健康关系与尚未出生的孩子沟通。
- 整个孕期保持正向的情感——这会影响你的孩子，为你的家庭创造坚实的基础。
- 创造安全的环境和强大的支持系统——必要时请寻求帮助。
- 情绪、精神、身体的健康都是重要的。
- 在怀孕前几个星期感觉疲惫是正常的。持续的疲惫表明你需要吃更多富含铁的食物。
- 怀孕是一种自然状态，而非一种病理状态。

孕育是变化的时期。照顾好你自己，你就能更好地照顾新生儿。

对身体会有不好的影响。坚果和谷物含有丰富维生素。为了给孕妈妈和成长中的胎儿提供足够的营养,蔬菜稍微清蒸一下就行,不过度烹饪是最好的。有机的牛奶是有益的,应尽可能吃新鲜食品。

四、孕妈妈的健康

你自己很重要。你的健康会影响你尚未出生的孩子的健康。现在是倾听你身体的时候。改变损害身体健康的坏习惯。烟、酒精、成瘾性药物等都会对发展中的胎儿带来创伤。如果有必要的话,寻求家人、朋友或者健康专家的帮助。

1. 药物:没有医生的建议,请不要服用药物或者营养补品。顺势疗法或其他替代疗法可能会有帮助,会少一些副作用。请咨询健康专家或自然健康护理人员。

2. 牙齿的护理:胎儿发育需要钙来发展健康的骨骼。激素水平的升高会使得你的牙龈和牙齿对齿菌斑上的细菌更加敏感。如果牙龈不断出血的话,请寻求医生帮助。每天刷两次牙,定期检查牙齿,去看健康医生,调节钙的摄入量。

3. 乳头的准备:洗浴之后,用拇指和食指捏住乳头,轻轻拉一拉,往两边转一转。用无化学成分的沐浴用品、有机初榨橄榄油、羊毛脂或杏油按摩乳头。

4. 休息和运动： 有规律地散步是孕期最好的身体运动方式，在自然环境中散步更好。孕期按摩是很有帮助的。定期做放松练习是最有益的。

5. 静思与沉思： 在孕期，每天静思或祈祷，或者去安静的场所是有益的。

多关注内在，想想宝宝即将来到人世。重要的是，要用爱的思想拥抱这个尚未出生的宝宝，尤其是在晚上入睡前，营造一种平静和谐的氛围。

安静的活动，比如手工、缝纫、编织或者营造迎接婴儿的环境，有助于与尚未出生的婴儿产生一种连接。

五、孕期性爱

对于彼此的需要和偏爱保持敏感，同时也要考虑胎儿发育的健康。

邀请尚未出生的孩子进入你的生命。用你的爱拥抱他（她），让他（她）知道你会陪他（她）一起走过生命之旅。

孕 育

食物与营养

- 吃新鲜的水果、沙拉、清蒸蔬菜、坚果和谷物是有益的，多喝纯净水也是有益的。

- 有很多对孕期有益的顺势疗法或者植物疗法。向顺势疗法医师、草药医师或当地的健康食品店咨询。

- 避免浓茶、咖啡、油腻和辛辣的食物、垃圾食品。

- 酒精、香烟以及其他成瘾性药物对胚胎都是有伤害的，在孕期都不要接触。

- 研究表明，即使少量的酒精都会对胚胎的发展有不好的影响。

关于用药、化学用品及孕期安全问题的疑问，请咨询当地相关部门或机构。

选择乳白或柔和颜色的毯子、地毯、枕头罩、婴儿车和摇篮衬里

鼓励爸爸积极参与妈妈孕育和分娩的准备，一起探索如何养育孩子及为人父母。

未出生的孩子是敏感的，会受母亲的情感和感受的影响，并产生回应。

锻炼能给你更多的能量，帮助你提前做好准备。

六、孕期支持

1. 分娩教育课程：这些课程不仅能帮助你理解并为分娩做准备，也能帮你遇见其他即将为人父母的人。同时还会帮助你信任自己与生俱来的智慧和本能，信任自然分娩的过程。

2. 家庭、朋友和帮助者：家人、朋友和社团的物质和情感支持在这个阶段都是很重要的。请求他人帮助并乐于接受。与伴侣的沟通、保持诚实与耐心对和谐快乐的孕育是非常重要的。

父母和祖父母会有很好的建议。他们能帮助做些实际的事情，比如清洁房屋、购物、烹饪、洗涮等。

3. 专业支持：选择一个你信任的、感觉舒适的助产士或医生。

4. 产后支持：在孩子出生之后争取一些对你和你家庭的支持也是必要的。在准备饭菜、清洁卫生和其他家务事方面，要乐于接受朋友和家人的帮助。

七、为宝宝出生做准备

孩子与你亲近就会受益。你的心跳声、你的动作、你的气味，都会让孩子感到安慰。孩子出生之后与你的肌肤接触，会促进婴儿引导的母乳喂养，并有助于母子连接。寻找一条背带或携带宝宝的设备，能让你舒适地随身携带你的宝宝。

1. 分娩计划：制订分娩计划是必要的。写下你所希望的分娩方式。比如"我希望分娩不要受到不必要的医疗干预"。

2. 布料：人工合成材质的衣服会阻碍皮肤的健康呼吸并导致不必要的出汗。自然的布料是最好的。给婴儿买棉质或者羊毛的衣服。毛巾尿布比起一次性合成的尿布要更好。

3. 标签和合成的线头：从商店买来的婴儿衣服都有生硬

孕 育

- 营造良好的生活方式和环境，远离有害物质如烟（包含二手烟）、酒精、非处方药、非必要的处方药及其他药品。

- 避免空气、噪音和光线污染，不纯净的饮用水，化学个人护理产品，化学清洁剂。

- 每天想象鼓舞人心的母子画面，充满爱地想象孩子降临人世。

- 让新生儿兄弟姊妹为他的到来做好准备，培养他们与他的连接，让他们也参与准备和后期的工作。

- 避免让未出生的孩子与电子设备接触，研究表明，与电子设备接触的孩子都有很多健康问题。

- 避免接触收音机和电视——未出生婴儿对过度刺激比较敏感。

- 加入孕育小组或父母互助小组。

的合成布料标签，并用合成的线缝制，这些会导致婴儿皮疹以及严重的不适。记得使用前去掉这些标签和线头。

4.婴儿香皂：最好选用金盏花或者其他纯有机植物皂。

5.颜色：最适合婴儿的颜色是玫粉色、淡蓝色、阳光黄、乳白色。传统选用粉色或者蓝色是出于对婴儿健康和身体的影响的考虑。对前6个星期的婴儿来说，生活在玫粉、淡蓝色的氛围中是比较好的。

在摇篮或者婴儿车上方挂两块丝绸或者棉纱布，一块浅蓝色，一块浅粉色，互相重叠，会产生一种宁静的氛围。照这样做过的妈妈们都反映她们的宝宝比较安静。

6.保暖的重要性：婴儿和年幼的孩子可能不会发出感觉冷的信号，但是保暖是重要的。在凉爽的气候中，整年都穿着羊毛、丝绸、棉布的背心，对婴儿来说都是必要的。婴儿戴一顶棉质或羊毛的帽子可以避免头部散发热量。冬天给婴儿的脚套上羊毛袜子以保暖。有时候，有必要套上双层袜子。

八、工作与怀孕

避免长时间用电脑和机器工作。随着孕期的进展，考虑减少工作时间。婴儿的身体发育是否健康应该优先考虑。

九、孕期的问题

喝酒、吸烟、用药、紧张、不开心、抑郁、不安全感：

- 如有以上种种问题，寻求帮助。
- 向朋友、助产士、医生倾诉。
- 任何暴力都是不可接受的。
- 如果开始流血，立刻寻求医疗帮助。

用热开水冲泡的蒲公英茶或新磨的姜茶，对缓解孕吐症状有帮助。

孕 育

实用方法与自我问答

现在是你打算要为人父母的时候了。

- 我想学习什么，创造什么和带什么到这个世上。
- 我想从与伴侣、孩子的关系中学到什么。
- 我想在孕期、分娩和孩子出生后几年培养什么品性。
- 我与伴侣、孩子的这种关系如何使我的内心更加强大、更加全面和完整。
- 我与亲人、朋友相处的目的是什么？例如，为孩子营造一个充满爱的、健康的、快乐的和安全的环境。

写下你的信念，定期申明自己的正面信念。

你可以改变信念，支持和帮助自己与家人。

第二章 分娩

分娩是备受各方关注的重大事情， 综合分娩地点选择的考虑，就会发现，使用家庭分娩服务在自然分娩中心或者医院，分娩的感受会被提升。他们会告知父母如何选择适合分娩、生产及产后护理的环境。

一、分娩的处所和方式

1. 医院分娩： 在澳大利亚，在公立医院分娩是免费的，医院配备精良设备和专业医生。现在许多医院提供持续的助产士项目，对你选择在医院或其他地方生产，以及想要家人、朋友在场持开放的态度。在私立医院的医疗干预会更普遍。

2. 在家分娩： 一些医院为公众提供家庭分娩服务。如果你所在的区域没有这项服务，一些获私人保险的助产士可以来你家里接生。在熟悉的环境里分娩的一个好处是营造满足个性需求的敏感和关爱的分娩环境。子女、朋友、家人的陪同在这个时候有安抚的作用。和你的助产士商定一个应急预案。

3. 分娩中心： 这些中心附属于公立医院。它们充当传统医院分娩与家庭分娩之间的桥梁。

4. 水中分娩： 通过这种方式，孩子可以在浴缸中出生。通常，水被用来让分娩的过程变得更容易，孩子生产倒不必在水中进行。

5. 剖宫产： 在复杂的情形下，在母亲的肚子上开一个小口，将孩子取出来。剖宫产是一个大手术，并不是没有风险。你需要更多的时间恢复，而且术后在家疗养至少需要6周。

分　娩

- 自然分娩更容易出现有助产士护理的环境中，助产士对分娩者既有身体和情感上的支持，也给予滋养、运动的自由和个性化的照料。

- 选择一个与婴儿有最大限度的连接和保持最亲密关系的分娩环境。

- 选择在哪里分娩及以何种方式分娩应由你和你的伴侣决定。与你的助产士或医生讨论，选择一个最适合你决定的环境。

- 臀位分娩：这是孩子脚先出来，而非头先出来的情况。很多臀位分娩的宝宝都是通过阴道安全分娩出世的——要请教有经验的专家。

- "坐月子"——在许多文化中要求卧躺40天。在这段珍贵时间内，你可以和你的宝宝互相观察对方，学会如何共同建立母乳喂养关系。月子时间也对产后身体内在器官恢复有好处。

二、分娩的准备

1. 制订分娩计划：分娩计划是一个你希望采用的分娩方式的声明。分娩计划包含的声明有："除非我或者我孩子的健康遭受风险，我不同意人工干预；我想要在孩子降生之后跟孩子有肌肤接触；我希望胎盘脉冲停止之后才剪脐带；我希望我的伴侣来剪胎盘脐带。"

2. 调查研究：去调查一些放松练习和非侵入性助产方法，比如呼吸技巧、热水浴、按摩、音乐、针灸和芳香疗法。

3. 教育指导：寻求可获得的教育和支持资源与服务，为孩子的出生、母乳喂养、产后做准备。参加分娩教育课程。

4. 准备就绪：将医生、助产士、医院的电话号码放在随手可得的地方，如果你对怀孕过程中出现的任何变化感到担心，就打电话给他们，寻求帮助。

三、分娩时的支持

确定谁陪同你的分娩过程。营造安宁、融洽的氛围会使分娩的感觉大大提升。

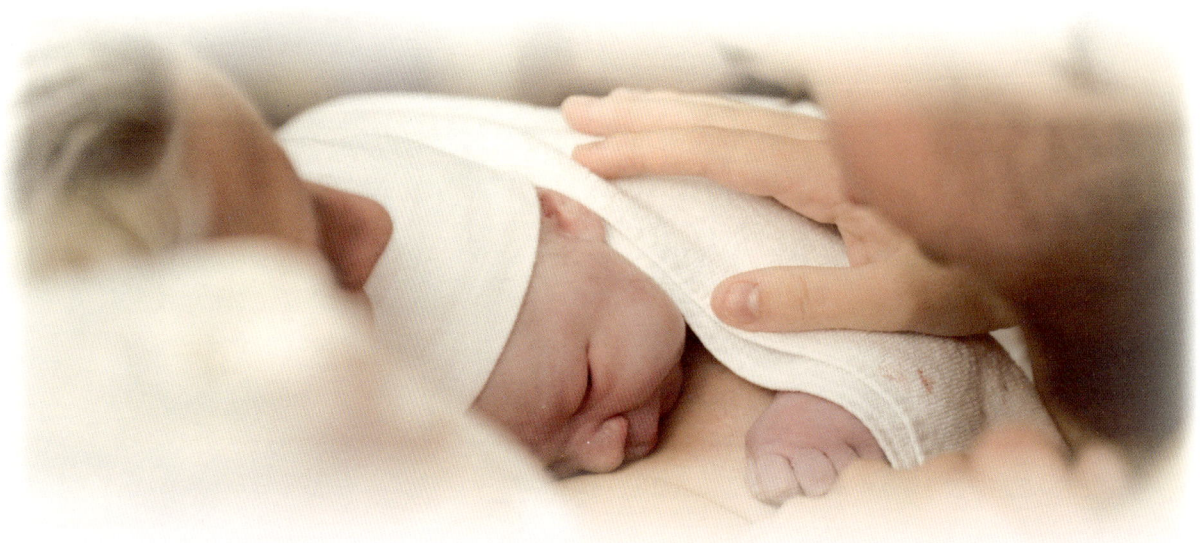

除了助产士或者医生，父亲、伴侣、子女和朋友都可以在分娩的过程中发挥重要的作用，但太多的人会影响氛围。

你的伴侣也许是分娩过程中情感支持的主要来源。谈一谈你们每一个人对于他在那儿陪伴的感受，以及你对分娩和对彼此的期盼。

如果孩子们来陪同分娩，他们应该有专人照顾。7岁以下的孩子可以等分娩结束了来产房，问候新生婴儿。

四、分娩后的性爱

大多数的医生会建议正常分娩之后要观察6周才可以有性爱。如果你感到疲惫、紧张或者身体不适，也许要等待更长的时间。这需要你和伴侣进行商讨，达成理解。

分 娩

分娩与疼痛

- 分娩会引发疼痛。孕期的准备和支持有助于你应对分娩的疼痛。

- 在困难分娩之后，婴儿需要尽可能多的安抚、拥抱和爱，你也可能需要更多的照料和休息。

产后抑郁

- 产后抑郁既有短暂的沮丧感，也有需要医疗的严重抑郁，有时也叫创伤后紧张。

- 寻找社会互助网络，加入父母小组，你并不孤单。和孩子进行创造性活动能够帮助你。

- 寻求支持和咨询，产后阶段请人帮忙准备饭菜、照顾孩子、做家务等。

第三章 初为人父母

在孩子出生之后的几天，你会更多地认识和了解全新的自我，但这需要时间。

一、休息和放松

你要意识到你分娩之后的激素会影响你的感觉，有可能开心、满足，也有可能非常低落。**在这段时间，休息、放松、静思是非常重要的。**

二、亲子连接

每一个孩子至少需要与一个人建立安全的连接，最好是与母亲建立这种连接。

通过定期的肌肤接触，多微笑着抱抱孩子，给他温柔的抚触，发出安抚的声音或唱歌给他听，孩子才会感受到被爱和安全。

研究表明，孩子被手臂环抱着或者在背带中所感受到的运动，对于他（她）的中枢神经系统的健康发展是必不可少的。

保护孩子避免受到过度刺激（明亮的灯光、噪音）或者创伤（与母亲分离等）。将淡粉色与淡蓝色的丝巾重叠，悬挂在婴儿车开口处的上方，有助于营造宁静的氛围。

提供安全的睡眠环境——与婴儿同床或者将婴儿摇篮放在床边，这样孩子在身边，夜间安抚更轻松些。

哭是婴儿与你沟通的方式之一。尝试去理解你孩子的不同种哭声。他是社会性的人，应正确回应他的哭声，让他有被重视的感觉。

三、应对紧张和抑郁

你感觉到累是自然的。尽可能地找时间休息或睡觉。孩子白天睡觉时，你也小睡会儿。如果你需要支持，向关心你的朋友倾诉，或者告诉你的医生、咨询师。

要经常做些运动——在自然中散步，练习放松和静思。听柔和的、让人放松的音乐。和家人一起放松，减少社交活动或者其他承诺的事项。

初为人父母

- 你和伴侣在照顾孩子时，开始可能会感到不够格和受不了。在这段时间你们需要互相支持、争取他人支持。

- 很多父母不会做家务，包括准备三餐饭。你们要理解感到不确定、尴尬或者挑战都是很正常的。这些事情你们都可以慢慢学会——寻求帮助，直到你感觉更有信心了。

- 理解为人父母是一段旅程——你和你的孩子都需要学会一起相处。尽量不要紧张或者慌乱。不要总是喂奶或用橡皮奶嘴，试图理解你孩子沟通的不同形式。

与孩子建立安全、牢固的连接是未来所有关系的基础，是孩子健康发展的关键。

你是重要的。你感觉越好，给孩子的爱就会更多。

暂停下来与自己独处——洗个薰衣草热水浴，独自去散步。定期安排一天或者早上给自己。

四、酒精、香烟、某些药物

酒精、香烟、某些药物都对你孩子的健康和发展有害。你通过母乳将药物传给孩子，对他们有严重的副作用。

五、互助网络

如今，许多父母都单独养育孩子，经常是一点准备都没有，也不具备上一代人养育孩子的经验和知识。

互助网络能鼓励父母，让他们强大起来并提升他们的养育观念。支持的网络包含家人、朋友、社团、养育网络。

有很多对孩子友善的养育、手工等特殊兴趣小组。加入满足你的需求的兴趣小组吧。

六、单亲父母

建立一个男性朋友和女性朋友网络，包含家人、父母支持小组。

如果不能亲身陪伴孩子的话，设法通过电话、信件、照片与孩子建立有意义的连接。

有必要的话，看看社会服务机构能提供什么支持。

七、婴儿与兄弟姐妹的关系

让哥哥姐姐照顾自己的弟弟妹妹，鼓励他们与新生儿之间建立健康的关系。

为每个大孩子安排专门的时间来照顾新生儿，比如洗澡、讲故事或者去公园散步的时间，以减少对立的情绪。

给大孩子一对一的时间是重要的。

对新生儿的爱过多，会让他的哥哥姐姐心里感觉不平衡，他们会试图伤害新生婴儿，对此，你要多加小心，保持警觉。

八、安抚奶嘴

橡皮奶嘴会引起乳头混淆，长时间使用会影响孩子的语言发展，还可能会让孩子产生依赖性。最好是用其他方式来满足他们的需要，比如，哺乳、搂抱，或者稍大点用特殊杯子喝水。避免使用塑料奶嘴。当孩子稍大些，可以给他用天然材料做成的磨牙环，或者一块像纱或丝绸这样自然材质的布。

初为人父母

- 定期进行锻炼能减轻紧张、抑郁、焦虑、体重，活得长寿、更加幸福。

- 研究表明，有氧锻炼——快走、跑步、爬台阶、游泳、骑自行车，可以增加大脑血清素及神经递质。

- 给你自己独处的时间。滋养你自己会给你做其他事情的情感能量。按摩、静思、户外散步或者锻炼能让人放松，具有治疗作用。找到能在生活中增加能量的运动，并定期地做。

第四章 宝宝的喂养

一、母乳喂养

母乳在头6个月里对婴儿的健康和发育是最好的。母乳喂养不仅提升母子间亲密的关系，而且还省钱、省时。母乳喂养能减少妈妈得乳腺癌和骨质疏松的几率。

头6个月就得建立并维持纯母乳喂养：

- 在孩子降生的那一刻就开始母乳喂养。
- 纯母乳喂养——不添加其他食物或饮品。
- 按需喂母乳——不论白天还是晚上，只要宝宝吸奶，就给他吸。
- 如有问题，寻求母乳喂养支持。
- 避免用奶瓶、橡皮奶头或奶嘴。

如果回去上班，你可以将母乳挤出来，放到冰箱保存。乳汁可以保存24个小时，冷冻可以保存3个月。

二、代替母乳喂养

如出现母亲无法给婴儿母乳喂养的情况，可以用奶瓶喂养，但是要注意最佳喂养时间以便建立亲密的感觉。要

宝宝的喂养

为什么母乳喂养是最好的？

初乳（产后母亲头一个星期分泌的浓稠的黄色液体）含有：

- 抗体。
- 营养。
- 通便剂。

母乳喂养对你和你的宝宝都更好。吃母乳的宝宝很少得肠胃炎、哮喘、小儿糖尿病、呼吸道和尿道系统感染疾病。

母乳含有：

- 100多种成分。
- 特殊的蛋白质。
- 较高的糖分。
- 脂肪酸。

母乳就像特别为你的宝宝配制的方子，随时待用，并且免费。

母乳喂养注意事项

将母乳挤出并存放在冰箱里是可以的，咨询用母乳喂养的朋友。

在公共场合喂奶时，可以用一块纱布或者丝绸来遮掩乳房。

你吃的食物会影响你和你的宝宝。避免吃味重的、酸性的、辛辣的食物，以及咖啡因（包含巧克力）和酒精。吃奶制品可能会导致某些宝宝的不耐性，留意出现的迹象。

选不含双酚 A（BPA）的瓶子或玻璃瓶。

如果不能用母乳喂养，那么用新鲜的生物动力牛奶或者山羊奶替代。也可以用有机的婴儿配方奶。用什么奶，先咨询你的保健医生。

三、喂奶节奏

每个孩子开始都按自己的需求吸奶，但慢慢地会形成吸奶的具体节奏。你要找到对你和你宝宝都有效的喂养节奏。较早形成喂养的节奏，会保证孩子以后生活得更健康和快乐。

有一些孩子更容易适应母亲个人的节奏。如果保持节奏有困难的话，就在你所期望的喂奶节奏间隔，喂一小瓶水，大概 24 小时内喂 6～8 次奶。

四、断　乳

至于喂多长时间的母乳，视你和孩子的情况而定。建议至少可以喂到 6 个月时间。如果你身体健康，可以喂养 9 个月到 1 年。母乳喂养时间尽可能延长到母亲和孩子都希望的时间，母乳喂养或者用奶瓶喂养的次数，在第一年的后半年可以减少，辅以适当的固体食物。

研究表明，母乳喂养、延长的身体接触，抱得靠近妈妈的身体对孩子大脑和免疫系统的发展是很重要的，也会促进母亲与宝宝的长期的健康。

五、添加辅食

注意标明儿童固体食物的标志。给宝贝吃健康、有营养的全营养食物（避免精糖、加工或油炸食品，含有添加剂、色素、杀虫剂的食品）帮助他健康和强壮成长。

6个月后添加辅食要与家庭的日常生活和谐合拍。

辅食添加可以考虑开始先在傍晚吃水果，然后添加谷物与母乳。傍晚添加辅食的好处是：

- 可以帮助宝贝睡更长的时间，因为谷物比较浓稠，不易饿。
- 也让你睡个安稳觉。

然后在午餐或者上午晚些时候添加辅食。

按以下这个顺序添加：

1. 水果。
2. 谷物。
3. 蔬菜。

应添加新鲜的水果和蔬菜。将苹果或者梨煮软，不加糖。

用水煮米粥，不加糖或盐。米粥在添加水果两周后添加。

蔬菜大约在7个月后添加。蔬菜蒸熟之后用叉子捣烂，

宝宝的喂养

他们准备好吃非流质食物了吗？

留心你宝宝的信号，如把东西放进嘴里，用双手抱头，在有人吃东西时对食物似乎有兴趣。

- 记得在准备食物和做饭前用肥皂和水洗手，将喝水杯子和奶瓶的橡皮奶头分开洗，把婴儿器具风干，而不是用毛巾擦干。

- 在厨房里或附近放一把高脚椅，当你做饭时，让孩子离你近点。让椅子不靠近炊具、尖锐的家具和长凳。你可以和宝宝说话，指着你正在做的食物给他看。让他感觉和闻到准备做之前的食物。

- 自制食物是最好的，因为它们是：
  - 新鲜的。
  - 买得起的。
  - 容易控制量。
  - 没有防腐剂。
  - 亲子关系——孩子在食物准备的过程中接收到爱。

或者切成一块块吃。先喂蔬菜叶，再在两周后喂蔬菜根。

1. 谷物

添加水果两周后加谷物。

按以下顺序添加：

- 燕麦。
- 粟米。
- 大米。
- 小麦粉。
- 婴儿混合谷物。

燕麦含热量最高，用燕麦片加牛奶或者羊奶和水煮成的粥，在添加水果后几周给婴儿吃是最好的。粟米、大米、面粉或婴儿木斯里（混合谷物）在燕麦之后添加。

谷类的烹调：将燕麦、大米或大麦慢煮 10 分钟，煮时不断地搅拌。

煮熟后等凉下来，加入母乳或配方奶，调成较稀的粥。趁温热时喂孩子。注意不要烫着孩子。

2. 蔬菜

大约 7 个月时添加叶菜（如菠菜）、花菜（如西兰花）或其他蔬菜（南瓜或西葫芦）。像胡萝卜等根茎蔬菜在随后几个星期提供。囟门大的宝宝可以早一点吃根茎蔬菜，囟门闭合快的小头宝宝晚一点吃根茎蔬菜，且不要吃得太多。给小宝宝吃的蔬菜必须新鲜，且在烹饪前才清洗。可以蒸或者加入少量的水煮软。不要用电动搅拌器做成蔬菜泥，而要用叉子捣烂或者切成一小块吃。

给宝宝去掉水果和蔬菜的皮：

一岁以下的婴儿很难咀嚼水果或者蔬菜的外皮。去皮也会除去一些残留杀虫剂。一岁以后可以不用去皮。

准备基本的蔬菜和水果泥：

清洗、去皮、蒸煮蔬菜或水果直至变软，用叉子或者过滤器捣烂。挑熟透的水果，切成适合咀嚼的小块，如果需要的话，蒸软或煮软。

开始加入母乳，之后加水，直至你想要的浓稠度。

3. 蛋白质

在一岁以前，脂肪含量较低的鲜奶、软干酪、乳清干酪（有机的会更好）和酸奶是较好的蛋白质来源。

4. 不建议给1岁以下的宝宝吃的食物。

红肉、家禽肉、鱼、鸡蛋都是小宝宝太难消化的食物。蜂蜜也不建议给宝宝喝。茄科蔬菜如土豆、西红柿、辣椒、茄子都不应给婴儿和幼儿吃。蘑菇和豆类（例如黄豆）在头几年也要避免。

注：虽然蜂蜜是天然的、健康的食物，但是不要给12个月以下的婴儿吃。它含有肉毒杆菌孢子，对婴儿还未发育的免疫系统有害。花生和贝类也不应给2岁以下的孩子吃，因为很多孩子对这些食物过敏或者不适应。

5. 有机的或者无农药残留的食物。

有机或无农药残留的食物是指没有用化学的合成肥料、杀虫剂、抗生素、生长素或饲料添加剂种植的植物或饲养的动物。

为什么要吃有机或无农药残留的食物？

经过认证的有机或无农残食物可以减少医疗、健康理疗，以及食品加工或包装的成本。有机食物含有健康的养分。

宝宝的喂养

喂养总结——头12个月

- 0~6个月

  母乳（必要时用配方奶）。按需喂养，形成自然的喂养节奏。

- 6~8个月

  宝宝可能喜欢水果，少量的燕麦、大米、大麦片，然后添加捣烂的蔬菜。

- 8~10个月

  少量的巴氏消毒奶酪、酸奶、软干酪。
  捣碎的水果（比如鳄梨、香蕉、桃子）和蔬菜泥。
  便于用手拿取的食物，比如小块的香蕉或者其他无核水果。
  少量蛋白质。

- 10~12个月

  切成块状、条状或者捣烂的水果。
  很小的煮熟的蔬菜：豌豆、南瓜、胡萝卜。
  烹调混合食物——砂锅菜、沙司意大利面。

> 共同用餐时间是非常重要的。这不仅仅是与吃的食物相关,而且是为父母和孩子以及家庭其他成员建立较强的连接的机会。用餐时间有助于发展语言技巧、礼仪习惯、倾听能力和一般沟通技巧。

你可以在当地的农贸市场购买新鲜产品。

6. 对食物过敏和有不耐性反应

查看配料表——避免含有色素、添加剂和防腐剂的食物。

食品添加剂和色素可能引发过敏反应或者不适应。

食品不耐性反应影响消化系统,食物过敏影响免疫系统。

如果怀疑对某种食物有不耐性反应,暂停这种食物几天,看看症状是否消失。

一般性过敏症状:焦躁不安、呼吸困难、湿疹(特别是在脸部或脖子周围)、打喷嚏、喘息、流鼻涕。

一般不耐性症状:多动、腹胀,一般的焦躁不安、呕吐。

如果症状持续不退,请咨询医生。

关于喂养的说明

在加入水果之后，开始添加较稀薄的谷类与母乳或者配方奶混合物。

用小勺子或茶匙喂食。

让婴儿坐直喂食。

把一小勺（1/4茶匙）麦片放在婴儿嘴里。

放松，不要匆忙。

不要保留没吃但已用勺子碰过的食物。

添加列出的新食物——每星期大约添加一种，注意添加食物后是否出现过敏症状。

在正餐时间，先添加捣烂的蔬菜，再添加水果，因为孩子可能会喜欢水果的甜味。

加工过的食物在冰箱里最多存放2天。

将食物切成方便咬嚼的小块——婴儿吃大块或硬的食物，比如葡萄和爆玉米花，会容易卡住。

用滤网快速把食物弄烂。

水是最好的，用榨汁机榨出来的果汁也是最好的。苹果汁是适合孩子喝的好果汁，因为它容易消化。如果太浓，可以加等量的水冲淡果汁，如果购买包装的果汁，请确保是100%纯果汁，没有加糖，没有防腐剂。

婴儿开始时从母乳或奶瓶里获得他所需要的水。当孩子长大些开始吃固体食物后，就开始需要喝水了。

- 提供丰富多样的食物。
- 尽量让食物看上去使人有食欲。
- 避免包装的或加工过的食物，避免有添加剂、防腐剂、人工色素和增味剂的食物。
- 食物就是食物——不要把食物作为奖励、贿赂、惩罚。
- 奶瓶里的奶和果汁都是食物，都会影响孩子的胃口。
- 鼓励孩子安静地坐着吃饭或喝水。

第五章 宝宝的照料

一、衣物与卧室

婴儿是非常敏感的。婴儿用的衣服和被褥应该是100%的棉、绒布，或者其他自然的材质，有机的更好，不含有香料、杀虫剂或其他引发过敏的化学物质。合成的材料不能让孩子产生舒适感。

二、洗　澡

在头6个星期里，婴儿不需要每天洗澡。建议给婴儿冬天每周洗一次，夏天每周洗两次，其他时间用海绵擦拭全身就足够了。等到婴儿三四个月的时候再开始给他每天洗澡。浴室、毛巾、婴儿的衣服都要预先暖好，将宝宝浸泡在温暖的水中大约5分钟。用柔软、暖和、自然纤维的毛巾擦干。对于不安的宝宝可以用甘菊花茶给他洗浴。将甘菊花在沸水里泡5分钟，然后加冷水变凉，再倒入婴儿浴盆。决不要将宝宝独自放在浴盆里不管。

三、按摩与抚触

给宝宝按摩会增强他对世界的信任感，巩固你和宝宝之间的连接。按摩是指在擦干后用一种自然的植物油给宝宝做抚触。温柔的抚触给宝宝爱和温暖的触觉体验。研究表明，抚触婴儿能增强其免疫系统，提高免疫力。给宝宝按摩会加深母子关系。

宝宝的照料

- **洗衣剂**

  洗宝宝衣物时，要用适合于敏感皮肤的、从植物提炼的洗衣剂，里面不能含有可能对皮肤刺激的化学香料。

- **装饰**

  用让宝宝放松并能帮助其睡眠的颜色，装饰宝宝的房间。适合宝宝的颜色有淡粉、淡蓝、桃红色、乳白色、淡紫色、淡黄色。

- **营造一个安宁的环境**

  在宝宝的房间营造一种宁静和安全的感觉。房间只是一个让人放松、休息和睡觉的地方。

四、睡　眠

0～3个月，宝宝每天一般要睡 20 个小时。到了快 1 岁的时候，睡眠会减少至 12 小时。

良好的睡眠对宝宝的生长和发育很重要。安静的家庭环境和氛围会让宝宝睡好。保持每天的睡眠节奏、有规律的小睡和就寝时间，以及养成入睡习惯都很重要。让孩子每天吃完最后一顿饭，然后玩一会儿，再静静地给他洗完澡，然后哼一段摇篮曲哄宝宝睡。

让宝宝睡在哪里，由大人决定。一些父母喜欢和宝宝睡在同一张床上，但是，如果父母中的一方吸烟、喝酒或正在服用致困的药，就不建议和宝宝一起睡。如果带宝宝睡，不要让宝宝穿得太多或者太少，不要

包裹婴儿

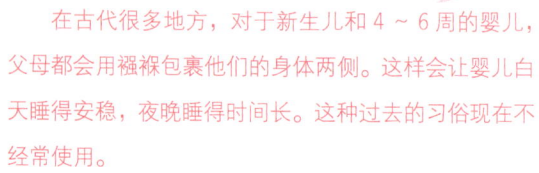

在古代很多地方，对于新生儿和 4～6 周的婴儿，父母都会用襁褓包裹他们的身体两侧。这样会让婴儿白天睡得安稳，夜晚睡得时间长。这种过去的习俗现在不经常使用。

现代包裹婴儿的方法是用包巾包覆到脸部。这两种包裹方法都能让婴儿感觉安稳和舒适，能帮助他们睡得更好、更长，因包裹紧贴身体，婴儿容易入睡。

包裹婴儿时，务必注意方法，如：不要包得太紧，如从侧身覆盖双手包裹，要给手肘充分弯曲的空间；如从脸部包裹，则应经常查看婴儿，以免他们挣脱包巾。决不能让包裹好的婴儿趴着睡。简而言之，观察你的孩子，并尊重自己的直觉。

把宝宝的头盖住。许多父母喜欢自己单独睡觉。如果那样的话，让宝宝睡在父母床旁边的小婴儿床上。

安排好宝宝白天的生活，这样宝宝可以在晚上睡得好。保持良好的睡眠节奏、平静和谐的氛围、睡觉的固定时间、注意宝宝的饮食，是宝宝有良好睡眠的几个因素。要让宝宝躺着睡，而不趴着睡。事实表明，这样睡会减少婴儿猝死综合征的风险。

五、背抱宝宝

宝宝背带：在头6个星期里，宝宝大部分时间都可能在睡觉。宝宝躺在婴儿床上，或者平躺在爸爸妈妈的臂弯里，会睡得最香。3个月后，宝宝醒着的时候，爸爸妈妈就可用婴儿背带竖抱着到处走了。

不要让宝宝独自在那儿哭泣。哭泣是宝宝表达需求的一种方式。

六、宝宝的出行

坐小汽车出行时，让宝宝坐在婴儿安全座椅上。用毯子包裹住宝宝，让他感觉安全和舒适。

宝宝的照料

睡眠问题可能有很多不同的原因，包括：

- 物理的原因——检查周遭可能引发不适的材料。
- 心理的原因——白天感官过度刺激，家庭的压力，或者不适当的照料。

解决方案：

- 营造一个保护的环境。
- 给宝宝提供100%棉或其他自然纤维的衣服和床上用品。
- 安全地包裹好宝宝。
- 将节奏和宁静带到日常生活中。
- 创造一个一贯的适合你和宝宝的节奏。
- 让发育中的宝宝在室内和室外都有活动的时间和空间。
- 留出时间培养一种充满爱的一对一的身体和情感关系。
- 远离电子玩具和电视的刺激，宝宝会因此变得更安静。
- 让宝宝睡觉的地方成为安静、安宁的空间，只放几个简单柔软的玩具。
- 食物过敏会导致睡觉的问题——注意宝宝的食物，如果是母乳喂养，要注意你自己的食物。如果必要的话，改变饮食结构。

第六章 婴儿的发育

你的宝宝是成长中的儿童，不是成人的迷你版。他是"感官印象的存在"——他吸收他周围的一切，看护人的情绪，声音、运动、色彩和光。这些感官的印象会塑造孩子。你的宝宝在你的身上找到自己的中心。如果你是宁静的、沉思的、幸福的，他就会和你处于同一状态。

发现你宝宝内在的善、与生俱来的学习动力、独特的发展节奏和精神的完整性。

试图去理解你宝宝的发展模式。与他的发展节奏和谐相处，滋养他的生命。

你宝宝天生就是社会生命存在，生来就想玩耍、学习、与他人合作并贡献自己的力量。

当你的宝宝在爱的环境中得到尊重，他情感和身体的需求就会得到满足。只要对他内在的好奇和即发的学习给予鼓励和支持，他就最有可能发挥他全部的潜力。

要对宝宝的哭声有回应，这说明你认可他的需求。这样能加强他首先对你，然后最终对这个世界的信任。

婴儿的发育

和你的宝宝玩耍

- 不必经常用游戏刺激你的宝宝。

- 在头几个星期，你的存在、你的拥抱、你们在一起就足够了。

- 在接下来的几个月里，玩耍意味着抚摸你的宝宝，让他握着你的手指头，对他微笑，跟他咕咕地说话。

- 在这一年后期，你的宝宝就会自己去探索一些事情。宝宝也需要时间独处和玩耍，只要大人在身边就可以。

- 你的存在、你的监督和保护是很重要的。

一、语言和运动

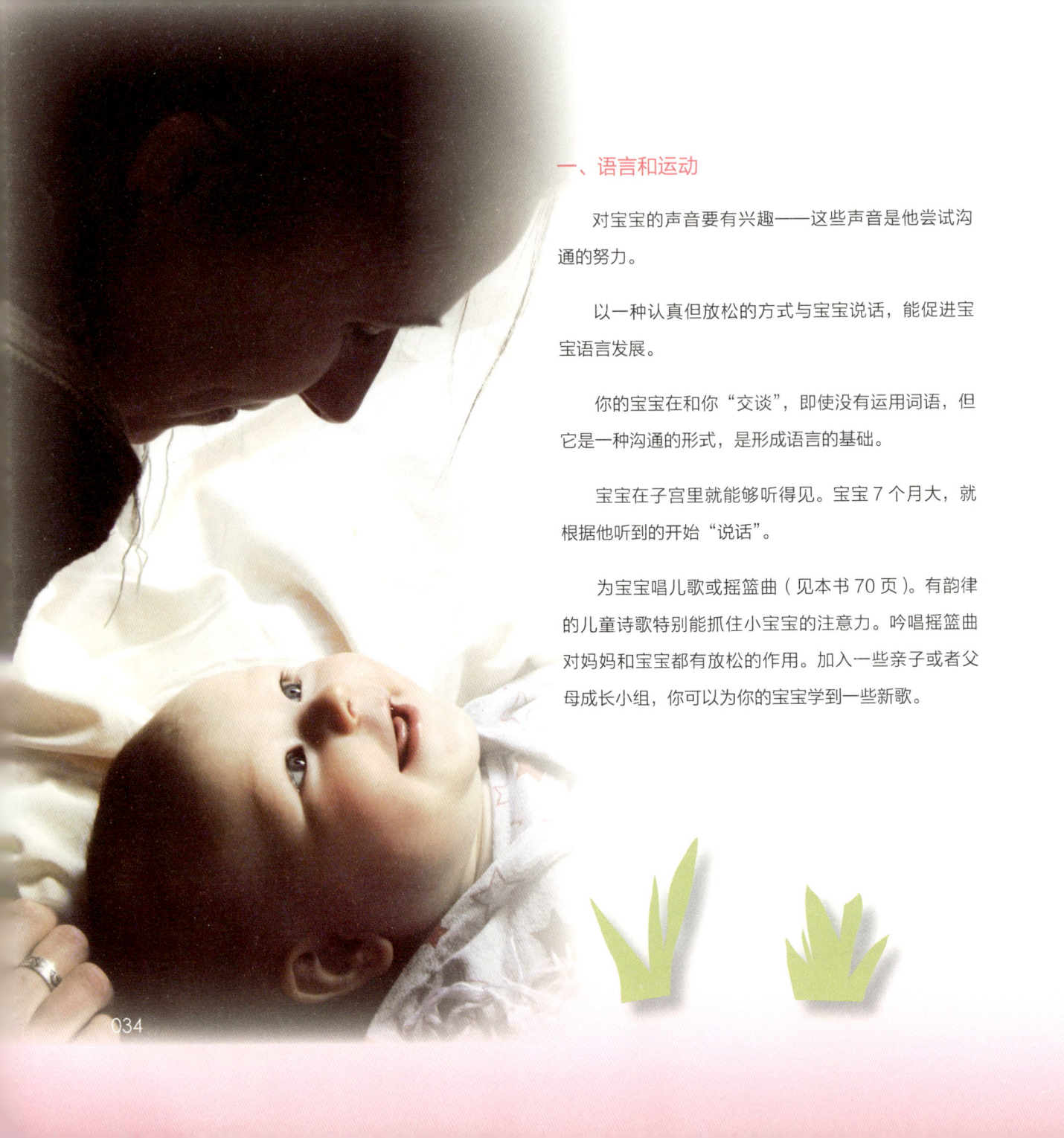

对宝宝的声音要有兴趣——这些声音是他尝试沟通的努力。

以一种认真但放松的方式与宝宝说话，能促进宝宝语言发展。

你的宝宝在和你"交谈"，即使没有运用词语，但它是一种沟通的形式，是形成语言的基础。

宝宝在子宫里就能够听得见。宝宝7个月大，就根据他听到的开始"说话"。

为宝宝唱儿歌或摇篮曲（见本书70页）。有韵律的儿童诗歌特别能抓住小宝宝的注意力。吟唱摇篮曲对妈妈和宝宝都有放松的作用。加入一些亲子或者父母成长小组，你可以为你的宝宝学到一些新歌。

找一些充满爱的抚触的童谣或动作歌曲，比如手指游戏，在膝盖上骑马等——给宝宝一种存在和安全感（详见本书 132 ~ 134 页）。这是一种表达情感的方式。和宝宝一起唱摇篮曲或儿歌会促进今后语言的发展，提高识字和数字学习能力。

二、和宝宝玩耍

有你的爱和陪伴，宝宝会茁壮成长。无须经常和宝宝"玩耍"。"玩耍"在头几个月意味着有时候对他微笑、轻言细语、抚摸、拥抱、浴后按摩，让宝宝抓住你的手，抚触宝宝的手指和脚趾。宝宝也需要有时间独处。注意不要过度刺激你的宝宝，在头几年避免声音大的、机械的和色彩鲜艳的玩具。

在头 3 个月之后，可以给宝宝简单的布偶和玩具，和宝宝互动交流。

婴儿的发育

玩耍和玩具

- 小宝宝会玩他的手指和脚趾，在花园里散步时会触摸花和石头，观察运动的东西，听鸟儿歌唱。

- 宝宝的第一个玩具应该是人形的柔软的布偶，稍大点，可填充的动物玩具。

- 玩具最好是自然的材质，柔和的颜色，简单且富有想象力。

三、节奏、习惯和重复

经常重复的、有目的的、有意义和预期的活动，比如吃饭、洗澡、睡觉、玩耍，对宝宝的成长都有好处。

四、玩耍和玩具

1. 3个月以上： 大约3个月，可以给宝宝简单的布偶和其他基本的玩具，比如木制拨浪鼓、丝质或羊毛活动玩具。

2. 4～5个月： 宝宝可以紧紧抓住物体。可以给磨牙环、拨浪鼓或羊毛球，让宝宝体验到玩具的纹理、形状、味道、颜色。宝宝摇拨浪鼓或者把玩具扔到地上，聆听它产生的声音。大多数宝宝都对摇摆的玩具着迷，喜欢将柔软的羊毛球或者木球滚来滚去。

3. 柔软的布偶和动物： 在第一年结束、第二年开始的时候，孩子开始站立，学走路，可以给孩子更成型的柔软的玩具，比如填充动物玩具。选择能够接近动物真正本质而不是卡通般的动物玩具。孩子不需要很多玩具——少数几个有品质的玩具就够了。

手工活动

制作羊毛球说明，
见本书204页。

五、歌曲和游戏

适合小宝宝玩的游戏有触摸和爱抚的双手游戏、手指游戏、与爸爸或妈妈一起轻轻摇晃或躲猫猫游戏（见本书125-131页）。

用手、手指打拍子，为你唱的歌曲伴奏。柔和地哼唱，同时轻轻摆动，你宝宝将会更喜欢你的嗓音。

六、特殊需求或残障

如果你担心孩子可能发育不全，请向医生反映。如果早些治疗的话，就容易矫正。

在大多数情况下，有某方面障碍的孩子会带来一种特别的爱的能量，会成为我们最好的老师。

婴儿的发育

孩子在以下情况进入最佳玩耍状态：

- 与他们共同分享这个世界时。
- 成人关注但没有干扰时。
- 他们的感官直接接触自然和自然中的元素时。
- 他们以自己的时间和方式，自由地成为收集者、制造者、世界缔造者时。
- 他们和他人一起玩耍，并形成关系时；他们可以独自玩耍，享有独立和私人空间时。
- 通过与他人一起玩耍，想象可以变成新的自己时。
- 他们表现自己的喜悦、伤痛、焦虑，而不害怕被嘲笑，当想象和神秘不被事实所否定时。
- 父母认为玩耍对大脑健康、社交和情感的发展非常重要时。

第七章
营造温暖、安全的环境

在宝宝出生后6周，为了帮助宝宝从妈妈的子宫出来后适应外面的世界，最好让婴儿尽可能待在室内。尽可能少带宝宝坐汽车、火车、轮船、飞机旅行。

一、视 觉

如果婴儿处在美丽的环境中，比如一瓶鲜花，自然风光或者墙上有柔和的图案和颜色，他就会非常健康、活跃。

二、声 音

用正常、快乐的人声说话或唱歌来陪伴你的孩子。爸爸或者妈妈的心跳是最让宝宝感到安抚的声音。自然界里安静的声音也有抚慰的作用。避免噪音干扰。

三、电 视

避免接触电视、游戏、电脑和手机——它们过度刺激正在发育的小孩。研究表明，接触电视或者电子媒体，会干扰孩子神经通路的形成，影响孩子大脑的发育。

四、家庭及花园安全

安全对于婴儿来说是第一位的。将小而锋利的物品放到婴儿触碰不到的地方，在低处的抽屉、柜子、冰箱门都要锁上。将低处的电源用安全装置盖起来。进屋要脱鞋，以防将杀虫剂或者其他有毒物质带到地板和地毯上。

尽可能地将家庭和花园变成安全的地方。如果有意外发生，又不确定该如何处理，立即给医生或急救中心打电话。

1. **睡眠的安全**：婴儿睡觉的房间应保持良好的通风。如果睡在摇篮里，确保摇篮符合现代的安全标准。如果摇篮是彩绘的，要选择浅色、无毒的油漆。选择一个细密结实、大小正合适的床垫。不要让窗帘绳或者其他一些松散的装饰或者物品接近宝宝，以免被宝宝抓到摇篮里。确保摇篮栏杆之间空隙不要太大，以免孩子滑进去或者卡住腿。如果用的是其他宝宝睡过的旧摇篮，确保不刷有铅的漆。

2. **避免暴露在阳光或其他恶劣天气中**：注意保护孩子，不要暴露在恶劣和极端天气条件下，比如炎热、寒冷或者风、雨、雪等天气。

3. **洗澡**：几厘米深的水，对孩子来说，就可能有溺水的危险。绝不要让孩子单独留在澡盆、浴室里或者靠近任何水源。

4. **花园**：锁住花园和棚屋的门。让孩子远离堆放原木和橡胶的地方。不要在草地或植物上用农药或者杀虫剂。花园是个与孩子相处的好地方，但是你必须一直待在孩子身边才行。

营造温暖、安全的环境

室内安全

- 安装烟雾报警器，并定期检查。

- 将小的物件、锋利的工具、塑料袋放到宝宝够不着的地方。

- 将那些可能有毒的室内植物放到宝宝够不着的地方。

- 几厘米深的水都可能导致溺水。绝不要让孩子单独接近水池或浴盆。

- 确定所有花园的门是锁着的。

- 将所有的清洁用品或有毒物质锁在橱柜里或者放在孩子碰触不到的地方。给低处的柜门装上安全锁。

- 避免孩子暴露在电磁场中，它会带来许多健康问题。

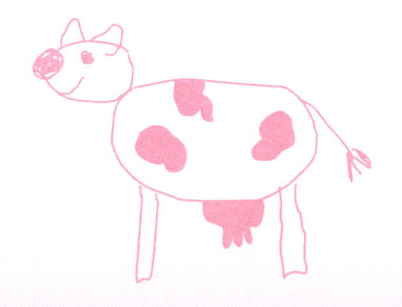

第八章 户外儿童看护

理想的情况是，孩子的头三年最好由亲生父母或者祖父母照顾，但有时候其他人照料也是必要的。

一、平衡工作和家庭

通常得做出一些安排来满足父母工作的需要。

综合考虑你与你宝宝的关系、健康、财务、伴侣的意见、个人的倾向等因素，再决定何时或者是否返回工作岗位。可以考虑时间灵活的兼职、轮班的工作或者在家工作。安排好工作，就能在家有时间完全地照料宝宝。

儿童看护的最重要的因素就是父母与孩子之间建立长期的一对一的爱的关系。

二、儿童看护类型

1. **祖父母、亲戚或者朋友**：尽力找到爱你宝宝的祖父母或者亲人、朋友来看护。

2. **家庭看护或日托**：家庭看护、日托是看护者在自己的家里照看为数不多的5岁以下的孩子。氛围更像家庭，关系比起大的看护中心更个人化。小孩在小团体里面更能应付自如。

3. **看护中心**：避免忙乱的看护中心。找一个你感觉舒服的看护中心，并要求在进入看护中心的头几天有

加入歌唱、游戏、故事、艺术、手工活动的亲子小组，这种小组会提供父母所需要的有价值的养育技巧。

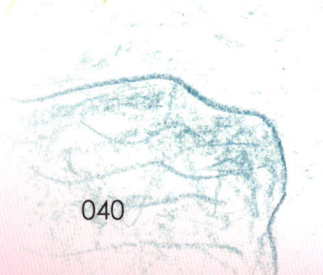

人陪伴宝宝。安排好时间去看望宝宝。在刚开始将宝宝送到新的看护中心时要陪伴他，每天都与看护人沟通宝宝的状况。

4. 保姆：在你的社区找一个合作的保姆，可以先考虑和他们交换时间而不是付钱。你也可以找家人和朋友来帮忙。如果都不可行的话，一定要面试保姆并看到她的相关证明才能将宝宝托付给她。观察保姆与宝宝互动的情况，确定保姆与宝宝关系融洽才离开家。如果保姆懂得急救，是比较理想的。

三、获得支持

与你的助产士、社区工作者、当地学校和儿童看护中心沟通，看看是否可以获得支持。与他们的友谊可以持续你的一生，并形成一个强大的朋友和社区支持网络。

亲子活动小组：找到一群想法相似的父亲或者母亲，分享你宝贝生命初始几年的成长经历，是很重要的。亲子活动小组定期组织母亲或父亲及他们的小宝宝们聚会。小组通常由一个或者两个人来带领，聚会通常持续2～3个小时。聚会的意义在于让家中有小宝宝的父亲或者母亲遇见其他的有同样情况的父亲或母亲，分享一些让父母和孩子都能参与的活动。

幼儿看护

选择幼儿看护人或中心

- 相信你的直觉。
- 发挥你的想象，设身处地为孩子着想。
- 你在那种环境中感觉舒适吗？
- 环境干净整洁吗？
- 那里的孩子开心吗？
- 他们吃的是健康的食物吗？
- 玩具是否是合适的、自然的材质？是安全并富有想象力的吗？
- 看护者是否正直、热心、有爱心，是否和你的宝宝相处融洽？
- 对宝宝看护是否能做到始终如一？是否能长期坚持？
- 孩子在白天是否去户外活动？
- 活动是否对孩子有益或适合孩子？

第九章 宝宝的

一、与宝宝建立感情

与宝宝建立感情有很多种方式，包括母乳喂养，晚上抱着宝宝、紧贴着他。

你可以通过倾听、观察、抚触、与宝宝待在一起、说话，来与宝宝沟通。

准备宝宝的衣服、照顾宝宝、抚触、沐浴、唱摇篮曲、哄他入睡都是与宝宝建立感情的体验。

理解宝宝的信号、暗示和声音——这些能帮助你和你的宝宝建立信任和安全感，为今后有益的关系打下基础。

二、儿童疾病与疫苗

疫苗对预防儿童疾病有良好作用。要了解常见儿童疾病的自然疗法和另类疗法。通过适当的治疗和康复，某些疾病是可以刺激儿童健康的成长和发展的。咨询你的健康医师。健康的食物和宁静无毒的环境会帮助改善宝宝的健康状况。

三、暴力和虐待

不要让你的孩子遭受情感上和身体上的忽视、暴力、性侵犯。暴力，包括殴打、羞辱和情感上的虐待，会削弱孩子的整体感、信任感和安全感。

- **保护你自己和孩子，免受任何形式的暴力或虐待。**
- **如果发生这样的状况，向相关部门报告。**
- **立即从家庭或者支持小组获得帮助，你和你的宝宝都需要安全的环境。**

四、意外和急救

随时都带着你的伴侣、医生、救护中心、警局、你母亲和朋友的电话。

健康

在等待救助的时候，让孩子感到温暖和舒适，拥抱他，给他以爱和信心。

保持冷静。

五、孩子与宠物

绝不要让孩子与宠物单独相处，不论是否是训练有训的宠物。如果你家有很可爱的宠物，你可以让你的孩子看见你多么温柔地对待宠物，但仍要让孩子远离宠物。

六、户外活动

6个月左右时，定期带孩子到花园、公园和自然环境去玩耍会很好。冬天选择阳光明媚、安全的地方，夏天选择阴凉地方。小孩可以体验自然中的声音、色彩和运动。

七、生育计划

谨防在母乳喂养期间怀孕，必要时，咨询专业人士。其中有些避孕药会影响母乳和孩子的健康，请与你的医生确认该使用哪些避孕药。

宝宝的健康

- 发挥伴侣在保护母亲和婴儿中的重要作用，加深你或你的伴侣与孩子的感情。让伴侣照料婴儿，建立早期感情纽带。

- 纯母乳喂养至少要持续6个月，根据宝宝的需要建立喂养的节奏。

- 你的宝宝会因与你身体接触而受益。尽可能减少接触的替代品，比如学步车、便携式婴儿座椅、滑板车、婴儿床、幼儿玩的护栏、奶瓶和填充玩具。

- 与你的宝宝建立感情。保持肌肤接触、微笑、目光接触，但不要盯着他看，温柔地给宝宝抚触，发出安抚的声音。

- 记住你的宝宝是社会性的人。宝宝哭泣和其他烦扰的行为不是他要"控制"，而是他为自己适当的需求和你沟通。满足这些需求，不是对宝宝宠爱，而是确保宝宝情感健康发展。

第十章 支持

越来越多的父母会问自己是否能胜任抚养孩子的任务。以爱将孩子带到人世，以爱和责任抚养，尊重他的人格，是你拥有健康和快乐的孩子的基础。

孩子需要边界，你也需要。不可压力重重，让事情堆积如山——找到你的重心，了解你的标准。给自己足够的时间来达成约定和如期完成。

你的家庭、信仰和生活经历都会影响你养育小孩的方式。

改变那些不健康的模式，比如不注意个人饮食、锻炼、健康，滥用药物，遭受情绪和身体的虐待等。你越强壮，对自己的感觉越好，你就越能关爱你的孩子。

与你的孩子在一起，和你的孩子玩耍，关注你的孩子是可以的。同样，给自己些时间也是可以的。你要在这两者之间取得和谐的平衡。你和孩子可以从中相互学习，增进彼此理解。

孩子生活在对社会和社区有响应的家庭，将来才能成为有社会责任感的人。

所有的小孩子都会吸收和模仿身边的所有事情。你的孩

你是独一无二的，你的孩子也是独一无二的。不管他们是谁，你都全心全意去接受他们，去爱他们，这样，他们就会有归属感和爱自己。

你自己

子也需要了解基于尊重建立的环境，这样你的孩子才能看到和听到他人的需要，认可他人的观点，满足他人的需求。

上一代人和社区的参与和支持对你个人、家庭和孩子的健康是非常重要的。

家庭、社区聚会和活动给人带来归属感和价值感，让你的孩子成长为被家庭和环境所支持的人。

对自己好一点，为人父母是一项有挑战的工作，需要不断进行"职业训练"。很少父母感觉他们做得完美。我们都是时代和文化的产物。更好地去理解并满足你孩子的需要，什么时候去做都为时不晚。

无论孩子长多大，他们都需要被爱、被滋养、被看见、被听到、被触摸、被重视。尊重你孩子精神的完整性，用爱对待他们，尊重他们独特的成长规律、性格和能力。这能够弥补孩子许多没有被满足的需求。

当我们以这些方式滋养我们的孩子时，我们同时也在疗愈我们自己。

支持你自己

- 近年来，如何养育孩子的、健康的直觉和本能知识越来越少。养孩子对父母越来越具有挑战性。设法给自己和伴侣支持，去了解自己的信念，学习新技巧，建立新的界限，必要时寻求支持和引导。

- 有效的养育是可以学会的，你很容易就能了解孩子发展的不同阶段和气质类型。有了这些信息，你可以做一些明智的选择，并与孩子建立良好的关系。如果你感到不好应对，就去寻求建议和意见。

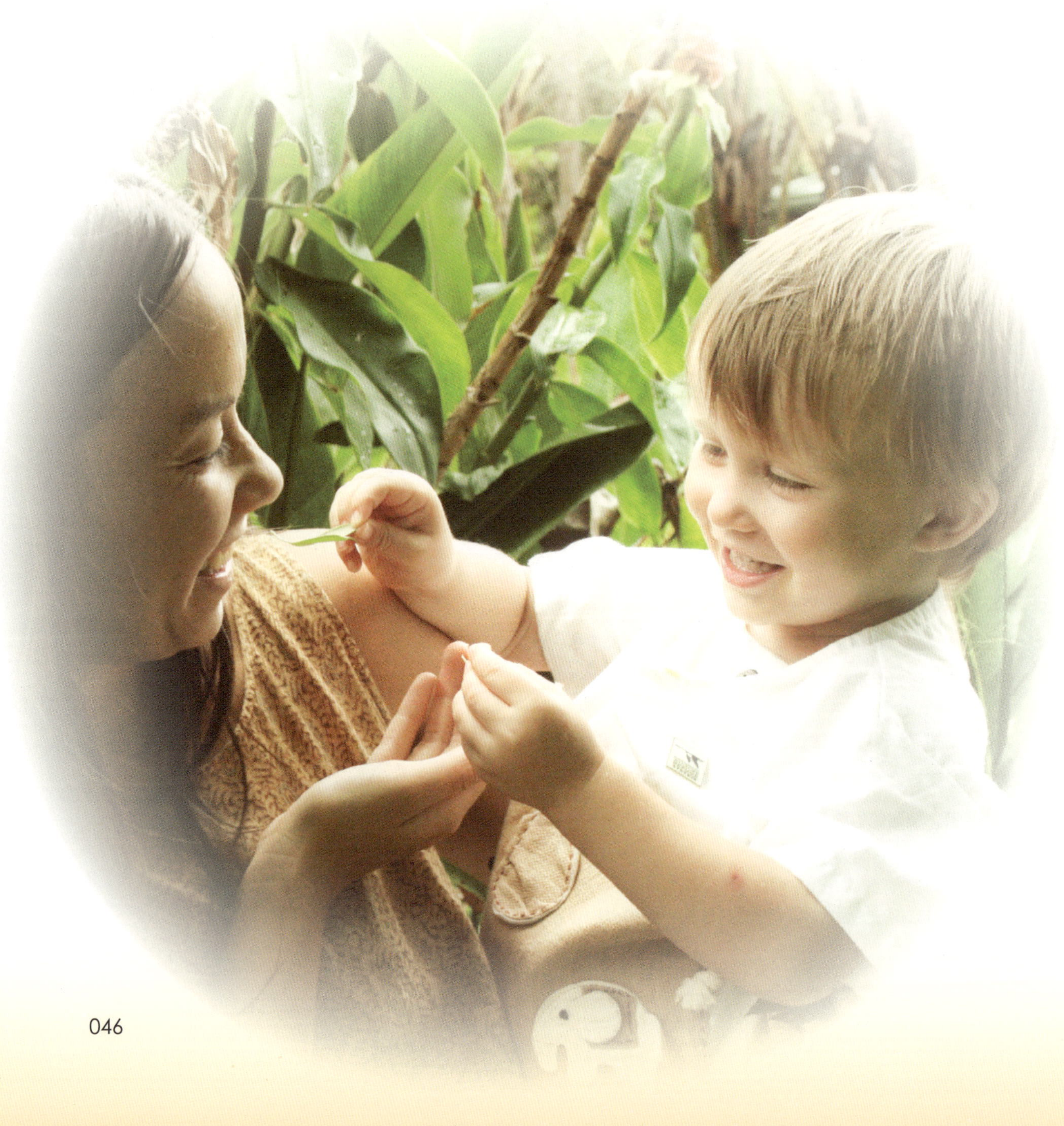

1~3岁

第一章
孩子的成长

一、引　言

在生命的头 3 年里，孩子获得人的 3 种最重要的能力——直立、行走和语言。随着语言能力的发展，进而获得思考的能力。

二、直立和行走

大多数孩子 1 岁左右开始站立并独立行走。有的孩子早些，有的孩子晚些，时间大致在 9 个月到 1 岁半。

直立和行走是人类特有的，大部分其他动物都无法做到。

学习走路，到后来学会说话和思考都是儿童发展最重要的步骤。这些都是人与生俱来的能力，但是在适合的环境中才能充分展开。

这个环境中最为关键的因素是其他人的存在，他们提供给孩子可供模仿的典范。

你可以做什么

- 允许孩子独自直立和走路。
- 不要让孩子走路或做什么给人看。
- 家里要有足够干净的空间给孩子移动和探索。
- 只要有时间，就让孩子在花园或者公园探索。
- 避免使用学步车、学步背带或者婴儿摇椅。
- 注意走路、做事，给孩子做好榜样，让孩子可以模仿。

三、空间和自由

重要的是给孩子自由表达直立和行走的发展需求。

给孩子鼓励和认可是有帮助的,但是成年人过早的期待、过度保护和焦虑会阻碍孩子的发展。很有可能,时机一到,孩子就会自己直立并开始行走。

理想的是,家里有足够的空间让蹒跚学步的孩子自由走动和探索。还可以带孩子到大自然里、花园里或公园里练习行走。

> 通过自己学习走路,孩子的个性会随时间而加强,变得更加成熟。

四、学步车、学步背带和婴儿摇椅

这些现代的发明往往会干涉孩子自由表达他的主动性和个性，可能会妨碍孩子行走这个根本能力的健康发展。

通过自己学习走路，孩子的个性会随着时间而加强，变得更加成熟。

不借助任何外力，小孩一次次顽强地站起来并向前移动，这种行为是孩子个性塑造的过程。

五、模 仿

成人应给孩子做好榜样。孩子会看见父母和看护人在有意地进行日常活动，所以要确定自己的步态是坚定的，是充分与大地连接的，是从容的、优雅的、自信的。

第二章
孩子的安全

一、居家安全

让蹒跚学步的孩子远离刀、热炉子、暖气片、高温熨斗、装满水的桶等危险的物品。小孩大约 3 岁后就可以在大人看管下帮助切水果和蔬菜了。

将药、清洁用品、杀虫剂、化学药品等有毒物质放在孩子碰触不到的地方。

用安全盖把插头盖住,锁上冰箱和药柜的门。

不要将小孩单独留在浴盆、洗澡间,或者接近任何水源，无论水有多浅。

不要在小孩附近或者抱着孩子喝热饮。

二、防止中毒

如果孩子接触、吸入或吞入危险或有毒的东西，可以用水给他洗手，冲洗他的嘴。如果解决不了的话，立即拨打急救电话。

保存好有毒物质容器，以便向专家解释事情发生的经过。

三、注意宠物

无论宠物有多么温顺，都不要让幼儿单独与宠物相处。

当孩子在你身边，你可以向孩子演示如何温柔地触碰家庭宠物，然后让孩子远离宠物。

最重要的是，保持警惕和清醒，注意观察你的孩子。

为孩子挑选自然材质的玩具、床上用品、娱乐产品等。

你可以做什么

- 给炉子、暖气片、水、化学药品、电源插座等安装安全设备。
- 使用儿童安全设备，给家庭碗柜、冰箱上锁。
- 给婴儿床加装安全护栏，让幼儿使用低床。
- 谨防有柄的平底锅或其他物件从悬挂的地方跌落。
- 不要让孩子拿到贵重和易碎的物品。
- 避免在沙发、地板、椅子、被褥等地方上使用化学物品、喷雾剂和清洁剂。
- 接触危险或有毒物质后，保存好有毒物质容器，冲洗孩子的手、眼、嘴，并拨打急救电话。
- 不要让幼儿在无人照顾的情况下单独接近水源或者宠物。

第三章
语言发展

一、语言发展的阶段

所有的声音都是语言。婴儿的第一次发声就是他的哭声，随后是笑声、吱吱声、咕咕叫和咿呀学语。

婴儿看到说话者的嘴唇挪动才咿咿呀呀地说，最开始的咿呀学语与舌头和嘴唇的触觉刺激相关。当大人说话时，让婴儿看见他们的嘴唇挪动会很有帮助。

7个月后，孩子开始听到什么说什么——发一个单音或者双音（dada，baba）。到一岁时，孩子可以把音节连起来说出单个字了。

从一岁到两岁，会说单字的句子，开始只说名词，然后是动词，之后是用名词、动词和形容词的句子，再后就开始问问题。

3岁时，孩子就会说出更复杂的句子。随着他们的词汇量增加，大人经常会听到他们问"为什么"的问题。

二、为什么会有"为什么"问题

孩子经常听到大人说"为什么"，所以他们也爱这样说。这也表明了孩子对这个世界的事情充满强烈的兴趣。

当问"为什么"时，孩子体验到自己能问问题是另一种沟通方式，并因此感到愉悦。

孩子问"为什么"几乎总是让大人开心和得到他们的赞赏，所以他们感到问问题是好事。通常，孩子并不真正期待大人回答他问的"为什么"问题，除非有特定的原因，比如："妈妈，你为什么今晚不哄我睡觉？"

"为什么"问题

对尴尬的"为什么"问题的几种回应

- 仅仅用一种关爱的笑容表示认可。
- 说一些好玩的事。
- 用一串没有意义的话来回答。
- 将它转化为身体接触的游戏（挠痒痒、拥抱、追逐……）。
- 用同样的"为什么"来回答。
- 用语言的图景作答，通常会激发孩子的好奇感，你从孩子睁得大大的、明亮的眼睛就可以感受到。
- 避免做出理性的或详细的科学解释。
- 试图给出一个有想象力的回答。

充满想象力回答"为什么"问题的例子

当你的孩子提出一个看起来深邃而严肃的问题，比如：

"爸爸，太阳为什么这么明亮？"

最好不要用自然的、科学的解释（一个大火球、大气的互相作用、热浪等），然而，你可以坚定地说：

"是的，今天它很闪耀、很明亮。"

或者把小孩抱起，说：

"太阳让你这么温暖，抱起来好舒服。"

或者编一个故事，比如：

"太阳先生看见这些紫罗兰在昨晚的暴风雨中害怕和伤心，所以他决定用他金色的光芒让它们快乐起来，你没有看见吗，一朵、两朵、三朵……所有的紫罗兰都抬起了头，又开心起来了……"

三、语言和运动

语言取决于孩子有目的地控制嘴唇和舌头运动神经的细微运动。当肌肉增强、关节灵活时，语言就会发生。

走路、爬行、手指和手的活动，事实上所有的运动都与说话有紧密的联系。这可能是外在运动或内在跟随他人语言的专注活动。在蹒跚学步时，那些活动不太多的孩子在后来会有语言发展的困难。

就如同走路一样，大人们能经常并清晰地与孩子说话，彼此自然交流，对孩子的语言发展有重要的影响。

童谣

《这只小猪》This Little Pig

这只小猪去市场
这只小猪待在家
这只小猪吃烤牛肉
这只小猪没做啥
这只小猪哭喊："嗷，嗷，嗷，
我找不到回家路了！"

动作：

让孩子坐在大腿上，将他的一只脚放在手心，用你的另一只手轻轻扭动他的脚趾头，从大脚趾头到小脚趾头扭动，然后对另一只脚重复做一遍。

帮助孩子的语言发展

- 使用正常的成人语言，不要总是用宝宝语言和孩子说话。

- 耐心地倾听，无论孩子说得多慢、多笨拙，都要让他把话说完。

- 避免纠正孩子说话。如果孩子说话有误，只用恰当的形式说出来就好。

- 把你正在对孩子做的事说出来。比如，一边做一边说"我现在要给你换尿布了""我们现在要洗手了"。避免在没有行为动作的时候给予孩子语言的指令。

- 诗歌、童谣、故事、词句游戏是孩子学习语言的好工具。

童谣

《小小姑娘玛菲特》
Little Miss Muffet

小小姑娘玛菲特
端着盘子坐土堆
吃着布丁和奶酪
来了一只小蜘蛛
落下坐在她身旁
吓得玛菲特跑开

《摇啊摇,小宝贝》
Diddle, Diddle, Dumping

摇呀摇,小宝贝
我的儿子小约翰

穿着衣服
睡着了

一只鞋脱下
一只鞋穿着

摇呀摇,小宝贝
我的儿子小约翰

动作:

抱着孩子坐在膝盖上,前后摇动。用一只手的所有手指当蜘蛛,从上往下蜿蜒下来,假装轻轻地在孩子的身体上爬过。

你可以做什么
——说　话

- 让孩子看见和听见你说话。

- 让孩子经历咿呀学语、说单个字到说单个字的句子，最后说完整句子的自然发展过程。

- 幼小的孩子问的问题不一定需要某个回答。要回答，就给个清楚的、简单的回答，有时一个爱的认可就足够了。有时运用幽默、图片语言，或讲一个小故事来回答更合适一些。（另见55页"为什么"一节）

- 鼓励和促进孩子运用手、手臂、腿及整个身体的运动。童谣、词句游戏是理想的方式。（见57～58页）

- 倾听，让孩子把话说完。和孩子说话的时候，用正常的成人语言。

- 避免纠正孩子说话错误，列举正确说话的例子。

- 用描述性的语言说出你跟孩子一起做的事情。

- 有目的地说话。只说你知道是真实的、有意义的话语。

- 列举清晰的、熟悉的人类语言的例子。

- 只有当外语是你的母语时才对孩子说。外语也可以用于歌曲和游戏中。

理性思考的过程需要生命的能量。生命能量或者生命力是孩子在幼年特别需要的，因为孩子正在发展他的消化、呼吸、走路、说话等基本的身体功能。在这个幼年阶段过早地引入抽象思考将消耗小孩一些发展这些功能所必需的能量。它会削弱重要的生命进程，导致身体上的健康问题，也会减少长大以后敏锐心智的发展潜力。

四、模　仿

　　孩子通过模仿来学习说话。你说话的方式——清晰的发音、声音的音调、运用丰富的词汇、说真实有意图的话，会影响孩子的语言发展。避免说空洞的、不真实的话或有威胁的话，比如"如果你把那个扔到地上，我就不会再给你东西吃了。"

五、思　考

　　思维的初步发展是与说话联系在一起的。孩子通过重复地说那些直接和物体或行为相关联的词语来思考。

　　思考的能力和理解智性或抽象思想的能力在 1～3 岁还没有发展出来。智性思维的发展到 5～6 岁才开始，即使到那时，它仍然是充满想象和图景的。所以就大人而言，对孩子最好不进行智性的解释和谈话。

你可以做什么
——思　考

- 允许孩子通过使用口头语言自然地发展思维。

- 避免运用抽象词汇给予指令或解释，用可以描绘图景的词语。

- 以身体示范给孩子看看如何做事情。通过展示和分享你的技能，你就是在支持孩子的实用智能的发展，这为今后的情商和智商发展打下基础。

- 避免让孩子参与只有成人的活动，比如讲座、论坛、电影、电视、小组讨论、电脑游戏等。

第四章
更多关于成长中的孩子的养育

儿童衣服的舒适和实用比款式和时尚重要。给孩子购买布料天然，色彩温暖、柔和的衣服，切忌样式花哨和图案复杂。

一、节奏、仪式、重复

孩子通过重复来学习。重复可以强化意志，支持自然记忆。节奏是指以有意义的方式实践重复。它包含准备、期待、实际的行动以及结束并引向下一个活动。节奏通常包含仪式的元素，遵照仪式，每一次反反复复做同样的事，仪式会激发崇敬感。睡眠和清醒的节奏或者每日餐点的节奏，对平静而满足的孩子来说至关重要。

二、食　物

健康的食物包含谷物（大米、燕麦、小米、黑麦、大麦、小麦）、蔬菜和水果。避免吃辛辣食品。孩子断了用奶瓶喝奶后，可以用杯子喝新鲜有机牛奶或羊奶。在这个年龄段，尽可能避免吃肉、鱼、海鲜、鸡蛋和豆类。有兴奋作用的甜饮料是不必要的，蜂蜜也是，尽管营养丰富，有治疗作用，但适合6岁左右或更大的孩子喝。

对于孩子，每两个小时进食一次比较健康，在正餐之间吃点健康的小吃或者喝点牛奶与水。

你可以做什么

- 建立一个清晰的玩耍、用餐、睡眠时间的节奏。

- 开始几个星期保持节奏，直到牢固地建立起节奏，然后放松地进入节奏。

- 只盛少量的食物，确保孩子能够吃完。如果需要的话，可以再盛。

- 最初的时候让孩子用手指抓取食物吃是可以的，但不时地提供一个勺子鼓励他使用。从2岁开始，可以将刀叉或者筷子放在碗边，以便孩子尝试使用。

- 睡前或晚上沐浴后给孩子短时轻柔按摩，会有助于孩子睡眠。按摩更应该是双手对于孩子身体的一种爱抚的动作。

- 可少量使用天然的，没有甜味剂、人工色素或者味道的牙膏。

- 你很重要。照顾好你自己，你就能照顾好你的孩子。

让孩子和家人一起用餐比较好，除非晚餐吃得太晚。

有安全护栏的高脚椅是可以用的。孩子在一岁就可以让他自己用勺子吃饭，不管他动作有多笨拙。

餐桌礼仪是通过模仿大人和被成人引导学得的。

三、穿　着

建议孩子整年都在外衣里面穿一件棉质或羊毛的背心，因为孩子很难根据外界的变化调节身体的温度。幼小的孩子很容易损失身体的热量。带孩子外出前，冬天戴温暖的帽子，夏天戴太阳帽。当天气寒冷时，穿厚棉衣、连衫裤、厚袜子、手套。

餐前歌曲

《祝福盛开的花儿》
Blessing on the blossom

Blessing on the blos-som, Blessing on the root.
祝福盛开的花儿，祝福土里的根。

Blessing on the leaf and stem, Blessing on the fruit.
祝福叶和茎，祝福果实。

所有接触皮肤的衣服都应用自然材质的，去掉内衣的标签，因为它会刺激到小孩。

四、盥洗、刷牙和洗澡

吃饭前、上厕所后、在花园和游乐场玩耍后，养成洗手的习惯。同样的，在上床前（如果愿意也可以午餐后）养成刷牙的习惯。只要孩子长牙并能抓住牙刷，就可以开始练习，越早练越好。他们可能需要在成人的帮助下练习。

家庭自制食物是最好的，因为它们：

- 新鲜
- 便宜
- 方便定量制作
- 没有防腐剂

喂养学步的小孩

- 很多人相信牛奶、酸奶、谷物、蔬菜和水果等清淡简单的饮食更适合3岁以下孩子，这对于消化系统仍在发育的孩子是合适的，他们还不习惯其他营养极丰富的食物。

- 红肉、鸡蛋、豆类和蜂蜜在孩子3岁或者5岁后，慢慢并少量添加到饮食中。

- 红肉可能太难消化，鸡肉、鱼和海鲜好消化一些，但是蛋白质太多，留在胃里消化不了。

- 虽然鸡蛋是高脂肪、高胆固醇、高蛋白质、高维他命、高铁的食物——其本身就构成营养完整的饮食，但它们对于幼小的孩子来说营养太丰富了。3岁之后，如果家里有人吃鸡蛋，孩子也只能偶尔吃一点。

- 豆类也会让孩子的消化系统负担过重，对于幼小的身体来说太难消化。

- 蜂蜜虽然富含营养，但是更适合6岁及以上的孩子。

每天睡觉前洗澡是一种放松和促进睡眠的活动。但不能把孩子独自留在浴室，洗澡的水应该保持温暖，但不能太热，浴缸的水也不能太满。冬天要提前将浴室、卧室、毛巾、睡衣暖一下。要使用天然纯净的宝宝香皂和香波。

擦干水后用天然的薰衣草或玫瑰精油轻柔地按摩或抚触孩子全身。在按摩时，父母或者看护人可以偶尔轻柔地唱歌或聊天。给孩子爱与全然关注，有助于孩子一夜安睡。

五、睡眠与休息

这个年纪的孩子在白天需要定期休息，特别是早起的孩子更应这样。上午吃完点心后让孩子尽可能躺下来，安静15分钟左右是很有帮助的。午餐后很多孩子都能睡上至少1个小时。在热带国家，午睡可能长到2个小时。

这个年龄的孩子一夜安睡12小时是很有必要的。孩子生长和发育的过程主要发生在晚上。

睡眠的质量是最为重要的。保证睡眠质量的最好

健康的饮食、规律的日常节奏、白天安静和谐的生活体验、适量的运动和新鲜空气将会让孩子晚上睡一个没有噩梦的觉。所有这一切的背后都是爱。

方式是养成"睡前仪式",从准备晚餐开始、吃晚餐、洗漱、讲故事、唱摇篮曲,然后真正睡着。这最好在平静的氛围中完成。

应当注意房间和床的温度、床单的材质和灯光的品质。安静的、不拥挤杂乱的和滋养的环境会帮助孩子睡得好。烛光或暗淡的灯光可以营造适合的环境。确保在离开房间前熄灭蜡烛。

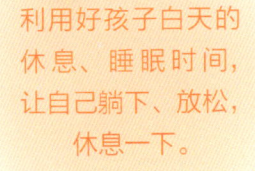

利用好孩子白天的休息、睡眠时间,让自己躺下、放松,休息一下。

你可以做什么
——睡眠问题

- 睡眠问题包括睡觉时发脾气、无法入睡、害怕黑暗、不想单独睡觉和做噩梦。

- 孩子不想停止玩耍或离开大人温馨的聚会回到自己的房间是很普遍的。解决这一问题需要很强的日常节奏和惯例。如果睡前的仪式已牢牢建立起来,每天重复,很少有例外的话,孩子就会期待和高兴去睡觉。

- 所有之前提到的体验都会有帮助,自始至终尽力保持健康的节奏,确保一天有更多平静的活动而不是刺激的游戏。

- 睡觉前避免给孩子吃刺激性的食物,比如含糖的饮料或巧克力。避免电视、电脑游戏或大声又让人清醒的音乐。对于孩子睡觉时发脾气,要尽可能保持坚定和平静。

- 如果孩子不想单独睡觉,怕黑,你可以将房门半掩着,在他自己的房间,亮一个小夜灯,并保证在他需要你的时候出现。然而,你要坚定并坚持让他自己在摇篮曲唱完之后安顿下来。

在人类发展的这个阶段，孩子虽不能单独在自己的房间，但至少能在自己的床上睡，这对他的发展会更健康一些。虽然不同孩子情况会有些不同，但 1～2 岁的孩子随时都可以开始独自睡觉。这会对成熟和独立的自我发展有帮助。

健康的饮食、规律的每日节奏、白天安静和谐的生活体验、适量的运动和清新的空气，将会让孩子晚上睡一个没有噩梦的觉。所有这一切的背后都是爱。

用餐感恩

《感恩土地给予我们食物》
Grace earth who gives to us this food

土地给予我们食物，
太阳让它成熟可口，
亲爱的土地，亲爱的太阳，
你给我们生命，
我们衷心地谢谢你。

《祝福谷物》
Blessing on the grain

祝福谷物悄悄地生长，
祝福雨水淅沥沥地下，
祝福花儿、果实和树，
祝福照耀我的红太阳。

共同用餐时间是重要的。和孩子一起吃饭，不仅仅是关于吃什么食物，而且有助于增进孩子与父母和其他家庭成员的关系，还能加深家庭关系，培养孩子语言能力、行为能力、倾听和一般沟通能力。

音乐：感恩歌曲或摇篮曲

《感恩大地给予我们食物》
Grace earth who gives tous this food

Earth who gives to us this food, Sun who makes it ripe and good.
大地给我们食物，太阳让它成熟可口。

Dear earth, dear sun, by you we live, to you our lov-
亲爱的大地，亲爱的太阳，你给我们生命，我们

ing thanks we give.
衷心谢谢你。

《哦，我的天使》 *O Angel Mine*

O angel mine, protect me fine, night and day, early and late,
哦，我的天使，保护我，白天和黑夜，早晨与夜晚，

till my soul enters the heavenly gate O Angel mine protect me fine
直到我的灵魂进入天堂的门；哦，我的天使，保护我。

《勃拉姆摇篮曲》Brahms Lullaby

Lul·la·by and good night with
Lul·la·by and good night with let
睡 吧, 晚 安,

li·lies of white and ro·ses of
an·gels of light and spread wings around you
白白的百合, 红红的玫瑰,

red, to pil·low your head, may you
bed and guard you from dread, may you slumber
伴着你入睡。

wake when the day cha·ses darkness a-
gen·tly and deep in the dreamland of
当黎明将黑夜驱散,

way, may you wake when the day cha·ses
sleep, slumber gen·tly and deep, in the
你再醒来, 当黎明将黑夜驱散,

dark·ness a way.
dream·land of sleep.
你再醒来。

（第二段）
睡吧，晚安，
让光之天使张开翅膀，
在你床前，不让你害怕。
轻轻地入眠，进入梦乡，
轻轻地入眠，
进入梦乡。

第五章
孩子的进一步发展

一、体验、探索和模仿

孩子一旦可以四处活动，就开始想要探究周边环境中的所有事物。他们跟着妈妈或者爸爸，想要做自己会做的事情，模仿着做家里和花园里所有的家务事。他们扫地，打开平底锅的盖子，用木头勺子敲打锅和盘，将东西从一个地方移到另一个地方，基本上就是制造混乱。所有这些事情都受孩子"我也要干"的精神驱动。

大人的任务就是要慢下来，快乐地做事情，以便孩子可以模仿。

准备一些木碗、木勺子、有盖的小平底锅，放在较低的橱柜抽屉里，靠近你做事情的地方，以便孩子拉开抽屉自由地玩。

有时候孩子只是想待在父亲或者母亲身边观看。他们会完全沉浸在妈妈削土豆皮、切苹果，或者是爸爸有节奏地锯木头的动作中。这些动作会在孩子后来玩耍中被复制出来。

二、玩耍和玩具

如果有成人在附近，两岁的孩子就可以自己玩了。孩子会根据他们观察到的成人活动边模仿边玩——喂小娃娃、用木块建小屋等。孩子需要玩具来做这些。他们一般需要摇篮里的柔软娃娃、毯子布料、大块木料和建房用的木钉、做饭用的木碗和木勺、木制或柔软的动物玩具、适当的种荚和贝壳。所有的玩具都应该是天然材质的。

蹒跚学步的孩子应该每天都有在花园或者自然中玩耍的时间。

三、设一个玩耍角

"玩耍角"是小孩在家中的重要地方。它是一个安全、有吸引力的玩耍的地方，能提供边界感和学会如何保持秩

你可以做什么
——成长中的孩子

- 允许年幼的孩子用他们的身体体验和探索这个世界。

- 孩子不断地模仿成人的行为。成人的行为和姿势应该是有目的的、从容的和愉悦的。

- 在"烦人的两岁"这个阶段，试图去理解孩子仅仅是在发展一个健康的"我"感。这是一个强化的过程。您的孩子开始融入这个世界，与您自己分离。享受并庆祝他成为独立的人的第一步吧。重要的是记住这些原则：最好不要提供太多的玩具。如果增加新的玩具，就拿走一些老的玩具。每6个月就换一两种玩具，除了基本的玩具如布偶、布料、木块等天然的东西外。

序、干净的机会。这可能是孩子卧室的一角，也可能是公共区域划出特定的地方或家里的特殊玩耍室。儿童的玩耍角最好与大人主要活动区域靠得很近。

没有必要向孩子解释什么是玩耍角。只要把玩具放在某个地方，不断重复地说它是玩耍角或玩耍室，你的孩子就会明白玩耍角的含义。最好不要用大箱子把所有玩的东西装起来，让孩子看不见。在一堆混乱的玩具中找到某些东西几乎是不可能的，而且还让人讨厌。它还会给孩子和大人带来混乱和挫败感。用一个大篮子装东西，也会发生同样的情况。这些东西都有它们各自的位置，都是神奇的物体。比如，用篮子装所有的建构木块，用箱子装书，用小盒子装水晶和稀有贝壳等珍贵物品。

一个大小合适的玩耍角或玩耍室可能包括：

自然桌——一张靠墙或在房间角落的小矮桌（最好是圆形，避免撞上尖角）。桌子和墙上用一些色彩令人

愉悦的纱布和丝绸装饰。桌子上可以放些自然的物品，如应季鲜花、桉树坚果、树皮、一两个小的站立的布偶、填充动物、水晶、贝壳等。让它保持简洁、整齐。

小地毯——如果地面没有铺地毯，建议在玩耍区域和布偶角落铺上几块羊毛或棉地毯，这样，孩子在玩的时候，就可能会坐或躺得时间长些。

布偶角落——用布和木头包成边，起保护作用并围成圈。这个角落是幼小孩子喜欢的去处，他们有时感到需要（想要）"躲藏"在这个私密的地方。只要几个软布偶，方便放在摇篮或藤篮里拖拽，再备一些垫子和几张布偶毯，就足够了。角落外，可以有一辆小婴儿推车，正等着带婴儿布偶出去散步。现在，你还可以找到很便宜的、漂亮的木制或竹玩具推车。

架子——一个或两个，用于放大部分玩具。木架子是最好的。这个架子不能太高，要孩子容易看到架子顶部，并且能拿到放在那儿的玩具，也不能太宽，只要能放下中型的篮子即可。

玩具和玩的东西——下面是几种放在架上的常用玩具：

- **各种不同的软布偶**或各种不同大小、颜色和自然材料的小人儿。这些布偶或小人儿，可以包好，分别放在各个篮子里或一起放在架上的大篮子里。

你可以做什么
——学步儿的玩具

- 在孩子玩完一天时，保持玩的地方干净和整洁。可以让你的孩子一起收拾整理，或者睡前收拾好玩具再去睡。

- 玩具应当是用天然材料制成或经过艺术加工而成——手感柔和、颜色协调、大小适中，代表人类和小动物的特征。

- 玩具的艺术品质也是重要的一面。

- 建议不要给这个年龄的孩子机械玩具或电子玩具。

钩织玩绳

用3号或4号钩针和8支100%羊毛线,钩150针。在开头额外留出大约3厘米针头。先用单针钩织,钩到头为止。然后又钩回到另一端,总共钩4列。

把绳弄成圆盘,当你转头钩另一列时,让针钩在顶端处两次穿进洞,并且每洞钩两针,然后继续像前面一样正常钩织。是否需要重复做两次(一洞钩两针),取决于羊毛线的厚度和你的钩织是否细密。通常重复一次就行。

钩完最后一针,剪断羊毛线,留下大约3厘米的线头。用钩将2个3厘米长线头藏进钩织品中。

- 立偶,可以立着,放在架子上。

- 小动物玩具——通常是家养的或熟悉的动物,由天然纤维经过艺术加工制成,放在架上,让人充满想象。有些小木头动物也是孩子喜欢的。

- 一些小木头动物或有轮子的小车,都是很好的补充。选择简单、有艺术感的玩具。

- 玩布——棉布或纱布和几条丝绸方巾,做好折边,可以采用不同的柔和颜色。适合儿童玩的尺寸大约是80厘米×90厘米(90或90厘米以下,只要是买的材料的自然宽度就可以)。这些布可以用来做披风、地垫、草地、游泳池、河流、毯子或用于建房子等。将布叠好,整齐地放在架上或地板上的大篮子里。

- 一篮的球——各种不同大小的球,主要以小孩的双手成杯型可捧住的大小为宜。这些球是湿毡或干毡而成,将毛毡条缝起来,并填充羊毛,然后编织或钩编、填充或混合编织。

- 篮子——几个小的、有把或无把的空篮子,孩子可以拿着去购物、分拣东西,从一个篮子拿东西到另一个篮子。

- 玩绳——用彩色羊毛线或厚棉线钩织成粗大的

短绳（见"钩织玩绳"）。在收拾整理时，将绳卷成螺旋形，放进篮子里。

- **天然物品**——存放在单独篮子里（两种就够了）。可以找较大的东西，如松球或大个桉树坚果。不要用小粒种子，这可能会堵住小孩的鼻孔和耳朵。

- **炊具**——将几个木碗、盘子和勺子（小的和大的）放在架上，以备孩子学做饭时用。一个简易木箱子可以做仿制炉。

- **石头篮**——河石或打磨的石头，两个成人拇指大的石头是厨房用的好材料，也可做普通玩耍的用品。

- **书**——这个年龄的孩子在玩时可以不必看书。自由玩耍是发展孩子想象力、自我表达和主动性的时间。在其他时间与父母或看护人一起看书有好处，也很有意义，还能达到某种目的。然而，把孩子引向书也是件好事。最好将这些书放在儿童的卧室或家庭书架，并加以爱护。如果你想放几本绘本在篮子里，那也是很好的。

在大篮子里——除了上面提到的玩具，你还可以在地上放更大些的东西：

- **建构的木块**——将树枝锯成大约 4~6 厘米长，直径不超过 5 厘米的短木条（有的短，有的长；有的大，有的小），然后用砂纸磨光。将一批木块放进大篮子里，然后

你可以做什么
——玩耍的伙伴

- 玩伴对于两岁之前或者稍微大一些的孩子来说都不是必需的。直到这个时候，孩子们只是自己玩而不是一起玩。他们只是需要成人——妈妈、爸爸或者看护人在附近。

- 游戏活动或者父母与孩子的亲子活动，给父亲或者母亲与其他人相遇时分享经验和友谊的机会（见"儿童的照料"一节）。从 3 岁左右，孩子需要更经常地与朋友或玩伴一起玩。

放到书架边的地上。

• 一篮子的玩布也可以放在这儿。重要的是玩后将布叠好。

• 木马——在玩耍区域最好有一个小的、安全的木马。骑木马的动作和节奏，会增强孩子的协调能力、安全感和信心。

你可以根据实际情况（除非变化不大或很少发生），增加或减少一些玩具。

• 桌椅——在这个阶段，特别是玩耍角小，除了玩具架外，没必要放家具。等孩子到了两三岁，有地方给孩子们一张桌子和几把椅子，他们可以偶尔坐下来画画或一起看绘本即可。另外准备几块颜色好的蜂蜡蜡笔和 A4 复印纸。

四、"烦人的两岁"

"烦人的两岁"是孩子第一个重要的发展期。它在两三岁发生，孩子第一次开始觉察到自己了。他不断地感觉到他是一个独立意志的个体，和别人是不一样的。过去一向可爱、温和的小男孩和女孩，突然似乎变成固执、讨厌的家伙。在正常的每天快乐的活动中，我们会听到孩子尖叫和喊"不""我不要"的声音，以及跺脚声、掷东西声，用食物擦桌子的声音等。即使是自己以前很喜欢的东西，也一样会被厌弃。

通过这种对抗，孩子开始感觉自己独立于周围环境，这是他迈向独立旅程的开始。随着每一次拒绝和反对，这种自我感和"吾"意识就会更强烈和更清晰，虽然最终他可能接受他反对的东西。重要的是这种矛盾、对抗的行为。这个固执阶段，许多父母发现很难应对，但却被看作是孩子开始发展他的个体的"吾"，即他的自我感。如果父母用理解、幽默、智慧和坚定帮助孩子度过这个阶段，那么孩子的这种自我感在进入下一成长阶段前，就会有机会增强和稳定。这个阶段通常持续几周或者几个月。任其发展成意志的战争或者个性冲撞，可能会让这个阶段加长。

五、创造性的纪律

如果纪律是有创造性的且不依赖于惩罚，那么这样的纪律对于年幼的孩子来说是最有效的。第一个原则是以身作则，孩子自然会模仿。与孩子一起做事情，有助于孩子学会做事情的步骤。第二，保持牢固而清晰的每日节奏，即在具体时间做具体事情——用餐、洗澡、睡觉的时间等等，这会帮助孩子养成良好的习惯和获得安全感。

给孩子坚定的爱，避免智性的解释或者告诫，这会让纪律的问题减到最小。

六、大小便训练

大小便练习因文化不同而有所不同。在中国，据说孩子在3个月就被训练大小便，而在西方国家，很多3岁上幼儿园的孩子仍然穿纸尿裤。

通常孩子在两三岁之间，还有一些更早，开始有迹象表明孩子准备好接受上厕所训练。你可以用婴儿便盆或者训练孩子直接用大人马桶。这个过程应该是放松的、有趣的、没有惩罚的，大人和孩子都没有内疚感。你可以用儿童坐便器和木脚凳垫高，确保孩子对这个高度不害怕。

如果必要的话，晚上可以用纸尿裤，直到不再需要。不断给孩子正面认可，有助于建立孩子的自信，促进大小便训练顺利完成。

如果5岁了还持续地尿床，请咨询健康医生。有许多自然疗法对尿床非常有效。

第六章
平衡工作和家庭

这也许是一个挑战。你如何面对这个挑战并取得平衡，依赖于你的内在力量和外部的资源。

通常为了满足父母工作的需要，在儿童照料上得做出一些安排。

综合考虑你与你宝宝的关系、健康、财务、伴侣的意见、个人的倾向等因素，再决定是否或者何时返回工作岗位。可以考虑时间灵活的、兼职、倒班的工作，或者在家工作。如果离开家工作，安排好，以便在家的时候尽可能全身心地与宝宝在一起。

一、儿童看护

原则上，婴儿和学步儿在前几年应由他们的母亲或父亲照顾。然而，替代父母的照顾有时也是必要的。

在早期儿童照料方面最重要的因素是保持母亲或父亲与孩子之间的一对一的爱的关系。

二、儿童看护类型

祖父母、亲戚或朋友：尽力找一个爱孩子的祖父母或亲戚来照料孩子，其次是找个好朋友。

家庭看护：这种看护是一个看护人在自己家中看护5个以下的孩子，气氛像家庭，孩子与大人关系比大型儿童看护中心更加个性化。

儿童看护中心：找一个你觉得舒适的看护中心，并要求你孩子去中心的前几天与你在一起。

这么安排，是为了你能在任何时间去看望小孩。

刚把孩子给新看护人或儿童看护中心照看，要与孩子待在一起，并每天和看护人谈谈你的孩子。

临时照看：在小区找人共同临时照看孩子，看看是否可以互换时间而不是钱。如果这不可能，你可以寻

选择儿童看护人或看护中心

相信你的直觉。发挥你的想象，设身处地为孩子着想。

- 你在这个环境里感到舒适吗？
- 环境干净、整洁、有序吗？
- 其他孩子都快乐吗？
- 他们吃的是健康食物吗？
- 玩具都是用合适的天然材料做的吗？是安全、有想象力的吗？
- 儿童看护人都是真诚、温暖的、具有爱心并且能和孩子关系融洽的人吗？
- 看护会始终如一吗？
- 看护中心的工作人员流动性高吗？
- 孩子每天会到室外玩吗？玩多长时间？
- 看护中心的活动是否适合年龄发展的阶段？

求家人和朋友的帮助。

重要的是，要和临时照看者面谈，在把孩子交给他们之前要他们出示相关证明材料。

注意观察看看临时照看者是如何和你的孩子互动的。确保你离开家前他（她）和你的孩子沟通良好。

三、活动小组

找一群想法相似的妈妈和爸爸，交流分享孩子最初几年的经历，是重要的。

活动小组定期组织一群妈妈、爸爸和他们的小宝宝参加聚会活动。这个小组通常由一两个人组织，他们负责带领小组，有计划清晰的节目。每次聚会 2~3

当你认为玩耍是健康大脑发育和社会情感成长的核心时，你的孩子才会进入玩的最佳状态。

小时，一周聚一次或两次。这种聚会对孩子和父母都有好处，父母有机会见到其他同样在家抚养小宝宝的父母，并且交流父母和孩子参与的活动。

你可以组织你自己的非正式"活动小组"，和其他一些父母、孩子一起聚会，共享玩耍时光和经历。

联系当地的母婴小组、手工小组和其他关心孩子的聚会活动。

重要的是，滋养你自己和你的孩子。参加手工活动和户外活动（如社区花园组织），就能让你与他人放松地互动交流，还给你带来成就感。

活动小组给父母提供宝贵的机会，让他们有机会去和其他与自己同样的父母见面，共同交流父母与孩子活动的经验。

孩子在什么时候玩得最好

- 他们可以自由自在探索有安全界限的世界。
- 大人保持警觉但不干扰他们时。
- 他们的感官直接与自然和其他元素接触。
- 他们可以在自己的时间以自己的方式成为召集者、制作者和世界创造者。
- 他们与其他人玩耍并建立关系。
- 他们有机会独自快乐地玩。
- 他们通过与他人玩耍，并以自己的想象成为新的自我。
- 他们倾诉自己的快乐、害怕和担心，不怕他人嘲笑。
- 他们神秘的和有想象力的世界被认可。

第七章
支持你自己

要成为更好的父母，必定要自我成长。首先，如果我们是健康、快乐的，我们就会更有可能培养出健康、快乐的孩子。通过保持耐心、平衡、理解和爱心，我们能给孩子树立榜样，让他们长成为对他人和社会有用的、完整的人。我们的为人，我们在家或在孩子身边的感受和思想，都会让孩子明白一个完整并且有尊严的人所具有的精神追求。

你的身体福利——关注你的身体健康是重要的，注意你吸收的食物和饮料的质量，远离药物、酒精和有毒物质。

确保你呼吸到足够新鲜的空气，享受大自然风光——去林中散步，或在花园中种花和蔬菜。定期进行身体锻炼，比如游泳、走路、跑步、骑自行车或参加其他运动项目等，总之要活动起来。

有节奏的生活方式，定期吃营养食物，注意放松周期，加强运动，参加艺术或文化活动，安排好社交和家庭时间，保证有品质的睡眠都会让你有一个积极的、有活力的身体状况。这反而会使你与孩子在一起时精力充沛、心态积极。

心灵生活——我们的情感福利，也包括社会生活，在保持我们的健康和平衡方面，起着同样重要的作用。这儿的自我成长观念都容易地得到应用。

对人生的状况能以丰富的情感积极应对，固然很好，这会让我们的心灵生活活跃和丰富多彩。然而，情感不平衡和失控，会干扰他人和伤害自己。其他习惯性的心灵状态，如愤怒、不耐心、不安、否定、武断等同样也会有不好的影响。我们人共同的任务不就是不断地试图让这些达到平衡吗？这对所有人（包括父

你可以做什么

- 培养一种有节奏的、健康的生活方式习惯：定时吃饭，健康饮食、休息、睡眠，在自然中行走与锻炼。

- 每天带着小孩去林中或公园散步是有好处的。

- 参加母婴小组或活动小组，可以与其他小孩的父母交流。小组人数不宜多，大约 7 个小孩一个小组。一次活动时间为上午 2～3 小时。如果孩子想自由、充满想象地玩，可以开展基于自然的手工活动。

- 参加学习小组（只有大人），加深你对孩子、人类、世界、宇宙、教育和社会问题的理解。

- 练习静思，以便放松、灵魂发展，达到更高的觉醒状态。

- 如果以这种方式支持你自己，你就会成为孩子的优秀父母。

母）都是必要的自我成长的道路，如此他们才能更好地支持孩子，成为孩子可以效仿的优秀的人。

我们的情感生活经营得好，会极大提高我们的社会生活品质。我们的家庭、朋友、熟人、邻居和整个社区，都会形成互助的社会网络。因此而建立的人际关系，会让我们做自己，找到自己的定位。心灵生活丰富还是贫穷，全赖于此。同样，对社区和社会问题以及世界的问题感兴趣，会从多个方面拓宽和提升我们的内在生活。

当孩子还小时，父母可能发现自己的空闲时间有限，不能去阅读、学习或上教育课程。而且，当孩子在身边需要你时，专注于高等或抽象的思想，可能会使你无法完全与他在一起，这会给孩子带来不安全感，或觉得被忽视。这有许多方法让你参加社会活动。阅读和研究儿童发展和儿童心理，探索和理解孩子的进步以及挫折和明显的"问题"，特别是和一群其他的父母一起做的时候，会让你掌握丰富的信息资源，获得启迪。和其他父母聚会也包括参加艺术和手工活动，比如绘画、染布、制作布偶、准备节庆等，孩子们参加这些活动，感到自己是其中一员，可以在玩耍中与他人互动。

精神发展——就像任何其他的自我发展一样，精神发展也是一个持续过程，与所有的内在培养既并行又交融。尽力做更好的自己、控制我们的愤怒，变得有意识、有爱心、充满同情心、正直……这些都是精神发展成果。你也许希望通过阅读或加入研究小组，或练习静思，获得更进一步的精神发展。这些活动，最好单独或在小范围内进行，一次可以不待那么长时间（孩子需要你回来）。

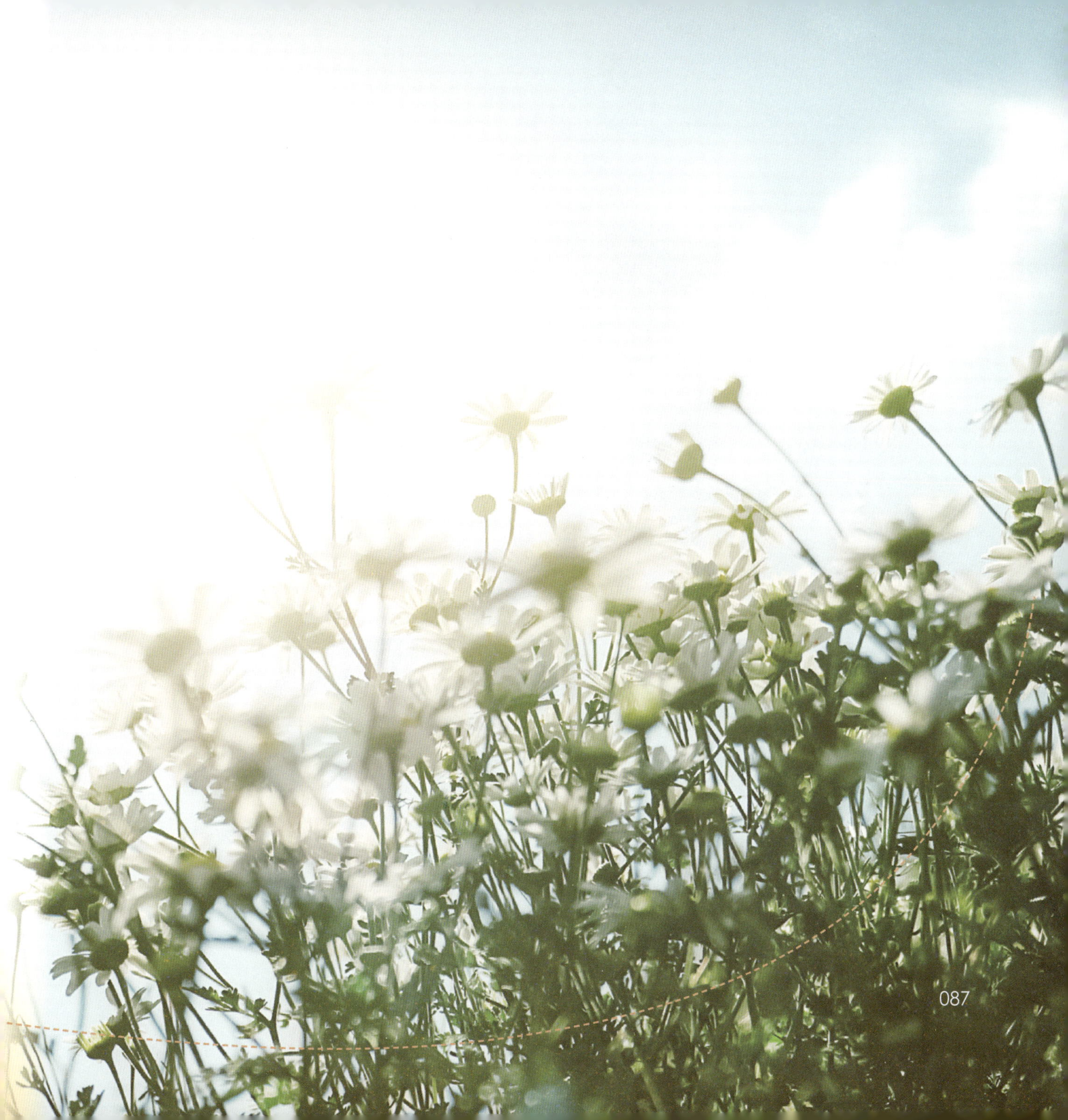

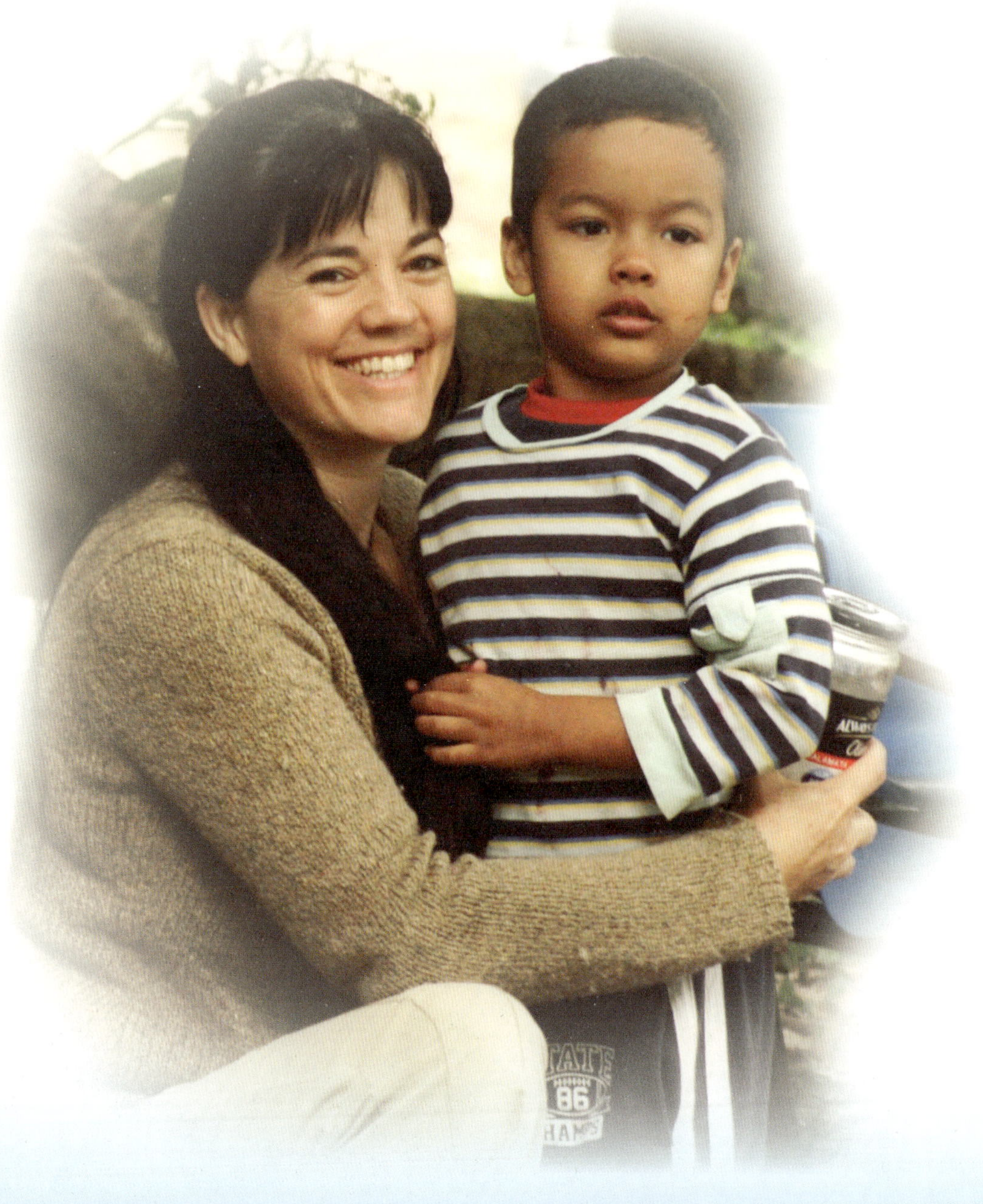

3～5岁

第一章
成长中的孩子

一、幻想与想象的年龄

我们见到孩子在 2～3 岁时开始有"我"的意识。到这个年龄，大多数孩子都会用他们的名字，或"宝宝"这样的词，称他们自己。如"宝宝要吃苹果""约翰要喝水""李雷要妈妈"等。突然之间，父母听到孩子说"我要"，会感到惊奇和快乐。

在一些亚洲地区，这种转换并不那么直接，因为传统上小孩子（有时甚至大人）在称呼长辈或尊敬的人时都不能用"我"。因此，一个两岁的孩子可能会说"儿子想要"，而不说"我想要"。然而，孩子意识的相同变化，在表现方式上和西方的孩子差不多。至于家庭亲属称呼用法，都会特定强调"我""儿子""侄儿"等。这种变化表明，儿童成长最重要的阶段都会有行为上的转变。这种自我感，如以幽默方式细心而坚定地处理，就会在达到第二阶段前被增强和变稳定。

如果说 0～3 岁是在天堂的年龄，那 3～5 岁就是孩子幼儿时期的黄金时代。一旦 2～3 岁的危机结束，幼儿开始强劲地发展各方面的能力，最突出的是幻想和想象的能力以及玩耍的冲动。

二、我和世界

从 3 岁开始，孩子意识到自己是独立于父母、兄弟姐妹、朋友、其他人和环境之外的。然后开始出现

你可以做什么
——挑战性的行为

- 保持冷静和放松。当孩子行为固执、叛逆时，不要愤怒和发脾气。
- 理解和欣赏你孩子正在经历的成长阶段。
- 幽默地化解困难的行为。要充满同情，但行动果断。在短暂停止后，继续一起做你通常期望他做的事。
- 保持强烈的日常节奏会有所帮助。在清理完孩子制造的混乱后，继续做你打算做的下一件事情。
- 如果孩子健康地经历这个阶段，他就会在短时间内成长起来。

> 一旦 2～3 岁危机结束，幼儿开始强劲地发展各方面的能力，最突出的是幻想和想象的能力以及玩耍的冲动。

相互关系网络,包括和家人、玩伴之间,以及和遇到的人之间的关系。这些经历与情感会在游戏中、游戏的场景以及玩具的选择和使用上反映出来。

三、玩耍——幻想和想象

幻想力在孩子 3～4 岁的时候会活跃起来,他开始通过玩具之间的关系表现创造力。两岁半以前的孩子,多数情况下是独自玩,而不是和玩伴一起玩。随着年龄接近 4 岁,他们开始互动。

从 3 岁到 5 岁,孩子受物体刺激而玩耍,他们看到或者摸到玩具,就会记起曾经经历的某事,产生想象力。玩具决定了他玩耍的方向。孩子的创造力和想象力在这个时期达到顶峰。如果没有人提醒的话,他可以成天玩耍而不停下来吃饭或者休息,这就是"为了玩而玩"。玩的结果没有玩的过程来得重要。孩子们经常会推倒刚刚搭建好的城堡,然后又立即开始建造其他的建筑。玩耍的动力似乎来自手里的物体和以往在周围生活中获得的经验。

四、社 交

在 4 岁到 6 岁之间,社交正式开始。朋友的陪伴是孩子们玩耍的重要因素。分享玩具、讨论问题、相互建议、协商、制定规则、相互让步、团队合作都是他们社交的一部分。社交还包括解决冲突、协助他人以及与拥有少的人分享。

- 如果你的孩子没有上幼儿园，确保他有时间与亲戚、朋友和邻居家的孩子待在一起。

- 从3岁起，你可以让孩子去上幼儿园。选择幼儿园要小心，注重玩耍的整体教育对你的孩子有好处。

你可以做什么
——社　交

- 在孩子4岁到5岁时，建议你送他上幼儿园。

- 尽量找推行整体教育理念的幼儿园——培养全面的孩子，而不强调早期智性学习，给孩子充分的游戏时间，老师要为人善良、关爱孩子。

- 确保孩子可以跟各种不同的朋友一起游戏、玩耍。

- 放学以后有让人兴奋的社交生活会起反作用。每周几个下午和家人待在一起。

- 允许孩子在成人看管但不受操纵之下玩耍，学习必要的社交技能。

- 不论是在幼儿园还是在家里，给孩子玩的玩具都是有益身心健康的，是用天然的材料做成的，虽然简单，但给孩子留有想象的空间。

- 保持生活节奏的平衡，玩耍过后要注意休息和补充营养。

- 每周至少几天是放学后与家人在一起，节假日邀请朋友来玩。

五、模　仿

儿童通过模仿来学习。他们模仿各种生活场景，还会模仿成人的动作、运动、行为和姿势。大人们有责任创造机会让孩子体验生活本身的各种健康的表达方式。父母给孩子最好的礼物就是给他们示范，如何做一个正直、善良、诚实、勤奋和热爱他人的人。孩子不仅模仿我们的行为，还会模仿我们各种想法、情感和精神追求。

六、节奏、仪式和重复

节奏、仪式和重复在整个人生中都是重要的，尤其是童年早期，更是如此。有节奏的生活方式根据季

> 社交还包括解决冲突，协助他人以及与拥有少的人分享。

节不同每天、每月、每年重复，对于存在赋予不同的意义。它有助于孩子身体器官健康发展，形成良好的习惯，并且产生安全感。

一个健康的生活节奏包括很多仪式——以有意义的方式做事情，以及根据目的性来安排每一个行动的细节和顺序。仪式赋予行为精神的维度，比如，上床时点燃一支蜡烛，饭前唱歌或祈祷。节奏应该是自然流畅的、灵活的，而不是死板的。

七、为什么要坚持重复和节奏

儿童通过模仿和重复来学习。孩子模仿一个词或一个

节奏、仪式和重复在整个人生中都是重要的，特别是童年早期，更是如此。

所有的生命过程都是有节奏的——有广大无边的宇宙的节奏，有四季更替的节奏。

你可以做什么
——模 仿

- 在任何情况下，练习保持冷静和自我控制。
- 尽量以值得被模仿的方式来表现。
- 留意你思考、说话、行动的方式。
- 以从容的姿态做各种家务。
- 确保你的日常活动和生活尝试是有意义的。
- 尝试用你生活的方式和行动，而不是道德说教，来展现你的价值观。

动作，然后不断重复，直到完全被他的身体吸入。这和智力学习的过程是相反的。重复能帮助孩子提升自然记忆的能力——基于身体的记忆；智力发展和记忆能力开发最好从6～7岁这样的年纪开始。不断地重复和实践能增强意志并帮助形成一生的好习惯。

重复是节奏的重要组成部分。通常一个活动在相同情形下、特定的时间点不断地重复，直到成为每天、每周、每月、每年节奏的一部分。当重复被赋予某种意义时就是节奏，包括目的、对活动的预期和准备、伴随的仪式和适当的结尾。

所有的生命过程都有节奏的——从大宇宙中星体的节奏，季节更替，小鸟筑巢或迁徙，昼夜交替，到人类个体心脏跳动，呼吸和脉动的节奏。我们存在于各种节奏中，我们的幸福大体上取决于我们能将节奏的原则融入我们的生活中。

对儿童来说更是这样——婴儿在母亲怀抱里摇晃，摇篮曲的吟唱，童谣和韵律游戏，以及每天游戏和休息、吃饭睡觉等的固定模式，不该是一个死板固定的时间表，而是一个尽可能包含所有成人和兄弟姐妹在内的家庭生活的有序模式。

你可以做什么
——节 奏

- 保持日常的节奏。
- 制订一个在家时间表，并尽可能遵循。
- 在不打破日常节奏的特殊情况下，允许做一些改变。
- 计划节日庆典和各种庆祝活动。
- 每天重复洗澡、讲故事、点蜡烛、唱歌、散步等活动都是重要且有益的。

第二章
在家中

一、室内活动——花园与宠物

儿童通过模仿成人在生活中的不同角色，学习成为一个有用的人。孩子们学习的最基础的角色就是怎样做父母和其他家庭成员。你怎样对待你的土地、植物、花园、房屋、你和家人占用的空间、收养的宠物、你接触的人、你的伴侣和子女，都为孩子的模仿提供了最重要的榜样。

二、家庭环境

儿童生活和玩耍的物质环境对他的成长有很大的帮助，尤其要注意以下几个方面：

秩序——整洁有序的环境有助于保持儿童的身体

健康，使其养成好习惯，保持健康的食欲，以及具有安全感和清晰的思维能力。

美——四周令人愉悦、和谐的声音和景色，能让孩子的心灵感受到平静和满足。尽量把艺术元素融入生活空间，避免不必要的杂乱或者太多感官刺激。

电视或电脑——电视对儿童来说是具有危害的。最好把电视和电脑移到只有成人才去的区域，当孩子醒着或在周围的时候用浅色布盖起来。

你可以做什么

- 充满享受地去做家务。
- 把家务看成是最神圣的人类活动之一。
- 让孩子和你一起做饭、清洁、打扫和整理东西。
- 和孩子一起建造花园——种花、蔬菜和树。
- 如果可能的话，饲养一种宠物——小鸡、兔子、狗或者猫。
- 尊重和理解你的配偶、孩子和他人。

孩子的卧室应该是安静的，有柔和的色彩，简单的装饰，干净整洁，是他们可以安全舒适地睡觉和入梦的地方。

色彩——周围的色彩应该要柔和、和谐，没有过于明亮和复杂的图案。

营造一个充满想象和探索的玩耍的环境，替代所有的电子娱乐，孩子的感官才会得到滋养。

三、电脑、电视、游戏机和移动电话

研究发现，这些小玩意对人都有有害的影响，甚至包括成人，在他们过度使用的时候。这些负面的影响对小孩来说是非常大的和多方面的。其中的机器构件会损害和硬化孩子的神经和感官，或者从某一个方面过度刺激孩子，让孩子思维僵化，脱离现实。

玩电子玩具过多的小孩可能缺乏想象力，在与他人交往时会有障碍。这通常会导致与同龄人相处困难。如果缺乏艺术感、丰富的词汇和语言技能，那么很难发展举止优雅的情感。

沉迷于电视或电子游戏，会剥夺儿童早期健康发育所需要的运动，还会产生头痛、睡眠质量低下和身体不适。尤其是看电视和玩电子游戏还会上瘾。孩子在玩这些时精神状态都不好，但又没有力量停下来，慢慢养成习惯，长大后就会有其他更严重的上瘾。

四、玩 具

孩子只需要少数几个有品质的玩具。最好的玩具是那些用天然材料比如木头或纤维做成的，或有简单的外形，以便给孩子想象力和创造力。有些可

移动的玩具（用绳子拉着的玩具或有轮子的玩具），对儿童发展也是有益的。从小时候就开始培养孩子对玩具的尊敬，包括玩完以后或睡觉前收拾、整理，把玩具归回原位。

孩子玩具不需要太多，一旦玩具太多，每次他都会面临选择，不知挑哪个好。这还会让孩子有压力，没有玩的欲望。他会不想玩，或者拿起一个放下，又去拿另一个，然后又扔到一边，而不是有目的、专心致志地去玩。慢慢地，他就形成对玩具习惯性的不恭敬。

你可以做什么
——玩 具

- 儿童只需要少数几个有品质的玩具。
- 最好的玩具是用木制或纤维等天然材料做的以及有给孩子想象力和创造力的简单外形。
- 引导孩子收拾、整理并把玩具归位，培养他们对玩具的尊敬。
- 如果有可能，所有玩具都应当是用天然材料——木头、棉布、羊毛、自然纤维等制成。

五、给孩子多少玩具才够呢？

这要看家里 3 岁到 5 岁的孩子有几个，这些孩子都是什么性别，以及多久才会邀请朋友来玩，还要看家里玩的地方的大小。最好不要把玩的地方弄得太乱。原则上，最好是有各种不同的玩具，而且每种都有几个。你的孩子不必玩他所有的玩具，你可以一次给他几个，然后悄悄地收起一两个，再放几个新的进去。注意观察，并拿走孩子很少玩到的玩具。

有些玩具似乎是男孩、女孩共同喜欢的，这对他们的发展是必需的，比如女孩（男孩）布偶——两个大布偶和三五个小布偶，加上几个给男孩（女孩）的有轮子的玩具——比如动物、汽车和火车等。其他好的主要物品有软球、填充或木制动物、木碗、木盘、木勺，用于化妆和建小房子的彩棉或丝绸，系东西的编织或钩织线、木钉、鹅卵石、贝壳、篮子、自然成形的积木和树枝。每一种物品都不宜太多，化妆布和积木可以多些，每一种小物件最好放到一个篮子里，以便保持整洁（更多信息见 1～3 岁部分）。

更为重要的是玩具的品质，如果有可能，所有玩

> 对于孩子，玩耍与劳动是同一件事——没有区别。有时在家或公园干活也能玩得很开心。

具都应当是用木头、棉花、羊毛、自然纤维等天然材料制成。任何时候，尽量不买塑料玩具。天然材料赋予生命的力量，让孩子和自然联系，促进健康，提高创造力和想象力。家庭制作的玩具或手工玩具也能传递爱、个人兴趣和家人的联通。

每天晚上睡前整理玩具，可以培养孩子对玩具的尊敬感、秩序感和美感。尽量把这个变成你和孩子（为孩子）建立的定期的日常节奏。和孩子一起高兴地收拾，慢慢地形成习惯，会在母子之间产生一种健康而又快乐的经验。

你可以做什么
——家庭环境

- 让孩子形成整理玩具的习惯。
- 童话般的艺术图片放在孩子睡觉和玩耍的空间比较合适。不管你有多么喜欢，避免把令人害怕的超现实或抽象的艺术作品挂在孩子的卧室，因为它们可能引起孩子噩梦或偏头痛。
- 浅浅的、柔和的颜色——粉红色、粉色、蓝色、淡紫色、乳白色、黄色等最适合儿童。其他让人愉悦的浅色也可以，但是不能同时使用太多。
- 尽量避免使用标志和卡通装饰。
- 购买一些制作精良的木车、木船和木头动物是非常值得的。毛绒动物和布偶最好是正常玩具大小并且外形简单。漫画不适合儿童。

六、室外活动空间——孩子的花园

理想情况下，所有有孩子的家庭，都应该像好的幼儿园一样，有一个室内和室外活动区域。室外活动区可以有一个小花园。如今，在现代城市里，大多数人居住在高层的公寓，往往是不可能有室外活动区的。在这里，我们需要创造性思考，给孩子提供至少是接近自然的机会——每天在公园或社区的花园散步，偶

尔外出去自然保护区，在庭院制作花卉隔栏，用盆栽植物装饰活动空间。

"花园"应该是有围栏的安全的地方，孩子可以在里面自由玩耍，对他们只需很少的监护。花园里面最好有树木、花卉；如果有可能，饲养一两只小动物，比如小鸡或兔子。有沙坑，放一些玩的如碗、勺子、铲子和水桶。沙坑附近有高度合适的水龙头，用石头或木块做平衡的垫脚石，在树枝或木架上挂上秋千，建一个小屋。

你可以做什么
——户外活动区

- 不需要什么花费，你就可以用自制的木块、秋千、沙坑和小木屋创造活动空间。

- 允许孩子尽情地在沙坑中玩水。这是最富有想象力和疗愈力的。

- 孩子们的游戏应该是自发的、不被成人控制的。

- 父母可以保障孩子们的安全，提供足够的玩耍设备和把握每天的节奏。当然，还有你的爱陪伴左右。

- 如果不能提供户外活动的空间，那么窗台和盆栽植物可以让孩子接触自然。

纪律在童年早期可以通过遵循既定的节奏和拥有好的榜样来实现。

第三章
更多关于儿童发展的情况

一、纪　律

纪律在童年早期可以通过遵循既定的节奏和拥有好的榜样来实现。建议避免用太多生硬的"不行"来回答或者有太多的禁止和限制。相反的，事先确定好清晰的界限和节奏感，会引导孩子走向大人期待他去的地方。比如，在沙坑玩耍后妈妈引导他洗手，然后回到房间吃饭，如果这个重复做几次，孩子就自然会形成一种习惯，那么当他听到妈妈喊出"午饭时间到了"，他就会自然地去盆里洗手。

重要的是，重复以及大人在一开始就帮孩子形成习惯和节奏的决心。同样重要的是，孩子不断见到妈妈每次帮他清理了沙坑玩具以后都去洗自己的手。如果能通过树立榜样和亲身示范引导孩子去洗手，然后进入房间，那么任何严格的有时甚至让人不愉快的纪律就变得毫无必要了。同样的原则也适用于其他行为领域。

你可以做什么

- 在考虑了孩子需求的情况下，形成适合你和你生活方式的每日节奏。
- 坚持不懈地建立这个节奏，需要重复和坚强的意志。
- 相信你所做的，不要动摇，也不要每天改变。
- 开始的时候，可以身体力行地帮助孩子做一些家务，但只要他能做到，就让他自己处理。
- 享受给孩子展示如何做事情的过程。

二、疾病和康复

孩子生病并不总是一件坏事。大部分时候，疾病代表一种发展障碍，克服这些障碍在生理和心理上都能促进孩子的健康和成长。在安全和法律允许的范围内，让孩子在没有人为强烈药物干预（如抗生素）的情况下战胜病魔，对他是有好处的。很多顺势疗法（和疗）都可以帮助孩子减轻不适，让孩子的身体机能战胜疾病。如果你不确定或者担心，可以咨询医生或理疗师。

更重要的是严重疾病结束后的恢复期。独自和母亲或有爱心的看护人在家，不去幼儿园，没有朋友和社交活动，是最有益和有利成长的。孩子会用他自己的方式让你知道他已经准备好回到生病以前的生活。他也可能会暗示他现在更喜欢新的做事方式。

三、生日庆典

生日是孩子生命中重要的里程碑。它标志着孩子

当孩子感觉不舒服

- 当孩子发烧或只是感觉不舒服的时候，让他待在家里。
- 用湿凉的毛巾帮孩子降温，让孩子舒服地躺在床上，给他很多的关爱给他水喝，让他多睡。
- 热柠檬足浴是众所周知的降温良方。
- 如果可能，避免将服用抗生素作为必然措施。
- 如果温度太高或持续时间过长或你非常担心，立即咨询医生或健康护理者。
- 生病后要有适当的时间在家静养。
- 让孩子知道你愿意陪伴他，直到他痊愈。

柠檬足浴

关心你自己或你的小孩的一个有效的方法，就是在白天或睡前做柠檬足浴。无论你什么时候感到劳累、紧张、有压力或想停下工作安静地放松一下，你都可以一天做一次柠檬足浴。据报道，柠檬足浴对大人和小孩的体温下降有帮助。

足浴准备：

- 一个塑料盆或木盆，盆口大且足够深，能装满浸泡脚的水。
- 一条大棉巾，浴后擦干脚。
- 热水。
- 一个新鲜的柠檬。
- 一把锋利的小刀。

足浴步骤：

- 往盆里倒热水，测量水温，确保对你或小孩是舒适的。你也可以在任何时候添加热水或冷水调节水温。
- 轻轻地在柠檬上划几道，让柠檬汁流出来。
- 把柠檬放到水里，用小刀切成两半，然后拿出小刀。
- 挤出柠檬汁，把挤过的柠檬留在水里。
- 把小孩的脚放进水里。
- 天冷时，把毛巾盖在小孩膝盖和腿上，保暖。
- 在水中按摩小孩的脚几分钟，一边轻轻按摩，一边把水倒在脚踝和小腿上。让孩子轻轻地往后靠着休息。根据需要，再添加热水。
- 小孩泡 10 分钟或 20 分钟，大人可以泡 1 个小时。
- 泡完后，用毛巾擦干小孩的脚。
- 裹好脚，然后把小孩放在凳子上休息几分钟。

足浴说明：

- 大人可以自己给自己泡，如果有人给你泡，也很有疗愈作用。小孩必须由大人给他泡。
- 小孩 3 岁或 3 岁以上，你可以给他做柠檬足浴，但不要每天都做。

成长道路上的特定步骤。通过和朋友、家人一起庆祝生日，我们公开认可孩子在社会的发展已经完成了这些步骤。因此，庆祝生日有两个作用——承认孩子的精神起源和见证他在社会的成长。父母在此扮演了固有的角色。

通常，幼儿园会给孩子举行生日庆祝活动，孩子的父母可能会被邀请参加。大部分家庭同样还希望在家举行私人的庆祝。最理想的是两种庆祝活动不要安排在同一天，这样对孩子和他的小朋友来说不会过于刺激和兴奋。很自然在家里的庆祝跟幼儿园的生日会有所不同。

四、庆祝生日——为什么不用邀请太多客人

尽管生日聚会让孩子觉得好玩又开心，但他发现自己处于一个不同寻常的情形下，可能会产生焦虑和没有安全感。他作为被关注的焦点是非常疲惫的；大家的期待，他会很难应付；不论有多开心，收到礼物的时候有多兴奋，也会耗尽能量；吃很多不习惯的和可能不太健康的食物和饮料也能增加不安；比平时吃更多的糖（生日蛋糕等），这些都会让小孩子们觉得累，表现不好。这一切再加上很多客人的场合会产生的各种社交需求，对任何孩子来说都太过。

社交在4岁到6岁的时候表现强烈，这是在儿童早期发展的过程中非常重要的一步。像任何其他的学习一样，它需要时间、精力、实践和成人的榜样。在面对很多人，包括成年人和孩子、陌生人、家庭成员和亲密的朋友的社交场合，他需要耗费的生命能量，很可能超出他能承受的范围。他会觉得不能应付和疲惫，结果他可能在聚会上力不从心，聚会结束后脾气暴躁，或者随后几天就病了。

> 邀请的客人越少，你越有机会享受平和、愉快和令人难忘的生日庆典。

邀请的客人越少，你越有机会享受平和、愉快和令人难忘的生日庆典。一起点生日蜡烛、分享孩子的生命故事，也会有助于让精神保持平和和让庆典更加有意义。

五、分居和离婚

如果父母分居或离婚，跟孩子一起居住的一方对孩子表达爱是非常重要的，而且要经常表达。你的孩子比其他的孩子更需要感到放心和安全。首先要让他觉得另一方父母依然爱他，分开并不是他的错。幼小的孩子还不能理解生活的复杂或者表达他自己的感情——

> 制订生日庆祝仪式或流程，以便每年家庭庆生重复使用。

你可以做什么
——生日庆祝

- 在家庆祝不要邀请太多的客人。只邀请那些你认为在他这个成长阶段最有特殊意义的人。

- 制订生日聚会仪式和流程，以便每年家庭庆生重复使用。

- 组织生日庆祝，要考虑以下几点：

  1. 邀请的客人名单；

  2. 蜡烛、生日蛋糕、其他食物、开场和结束时间，整个庆祝的时长，寿星的特殊服装；

  3. 点燃蜡烛、生日故事、讲故事的人、吹蜡烛、分享蛋糕和食物；

  4. 可选内容：文化或艺术活动——木偶戏、魔术表演、仙女的来访或者其他有组织的游戏；

  5. 尽量在规定好的时间内结束庆祝；时间过长的聚会结果通常会使人疲惫、难以控制和流泪；

  6. 建议邀请的理想的客人应包括父母、祖父母、兄弟姐妹、一两个好友（他们的父母可以邀请或不邀请）。

生日故事范例

一个适合 3～5 岁孩子的生日故事

从前天上有一个小天使,大天使照看小天使。小天使和大天使高兴地在一起生活。每天他都带着她去看太阳、月亮和闪烁的星星。每到一个地方,小天使都收到一份特别的礼物。

一天,他们去了天上所有特别的地方,小天使收到她想要的所有礼物,大天使对她说:"现在到了你下凡的时间。我想你已准备好,跟我来吧。"然后大天使牵着小天使,穿过天门,来到一座彩虹桥的桥头。"我不会跟着你,你把翅膀留下,我替你保管,直到你回来。"小天使拿下翅膀,交给大天使,然后大天使松开小天使的手,并说道:"现在你必须勇敢,靠自己走完彩虹桥,你妈妈和爸爸在桥的另一端等你。我在这里看着你,并与你一直在一起。"小天使告别了大天使,踏上彩虹桥。

那座桥很长,但是不久她看到地球上的一座城镇,然后她看到镇上一户人家。小天使下了彩虹桥,到了那户人家。妈妈和爸爸在家里等她很长时间了。看到她选择他们做她的父母,他们非常高兴。不久,一个婴儿出生了,妈妈说:"她的名字叫_____(全名)。"

(名字)_____是一个漂亮的、健康的小女孩。她对所有人微笑,大家都喜欢她。她吃得好,长得也快。到年底,她已经会站立,并开始走路。然后,她满 1 岁。现在_____到处走。不久,她甚至可以跑,她时不时地跌倒,然后又爬起来,甚至跑得更快,一下都不停,也不哭。吃饭时,_____坐到高脚凳上,自己用手或勺子吃。然后,她满 2 岁。

2 岁时,_____喜欢去沙坑玩,在沙里挖井或把沙倒进桶里。每天下午,她都和妈妈去公园散步。在那儿她看到鸭子争抢妈妈让她扔到水里的面包屑。然后,在_____明年的生日,她就将满 3 岁。_____在她家的花园举行一个

特别的生日聚会。她的朋友_____、_____和其他人都来参加。爸爸开始玩"传包裹"游戏，给大家带来很多乐趣。在_____3岁后，她开始上_____幼儿园，她交了许多新朋友，学会唱很多歌曲。老师和孩子们会去公园野餐，_____喜欢野餐的日子。今天_____满4岁了。她的朋友_____、_____，还有妈妈、爸爸（和哥哥_____）和奶奶、阿姨_____参加了她的生日会，给她唱生日歌（大家一齐唱）。

你可以做什么
——生日故事

- 可以由爸爸、妈妈或亲戚朋友重复讲同一个故事（去年发生的恰当的事）。如果有可能，每次的生日庆典，都由同一个人来讲，一直讲到孩子7岁为止。同一人重复来讲的好处，就是能增强孩子的力量。

- 每年最好是只讲一两个故事。选择那些孩子和家人熟悉的并有意义的故事。孩子会期望听到下一年的新故事。

- 用名字替换角色，可以是孩子的名字、朋友的名字或阿姨的名字。

- 在庆典上，可以在数完1岁后点1根蜡烛，数完2岁点2根。

- 孩子可以穿简单朴素的生日礼服或戴头冠。

- 避免频繁摄像和拍照。

直接跟孩子解释为什么发生和怎么发生绝对不是个好主意。

可以用讲故事的方式和他们沟通。如果故事是直接关于孩子自己的话，会太明显。故事的主角最好是一个虚构的孩子、动物或者植物。细节可以同现实生活大致一样，比如父亲离开家等；离家的理由是具有象征性意义的，可以在精神的层面被理解的，如父亲生病或需要独自开始一段旅程……如有可能，用童话故事的结局应该是开心的——孩子会在某个地方——在梦里，或者长大之后的将来，和父亲重逢。

为了孩子，最好允许他定期见到另一方父母，同时父母仍然保持友好的关系。

抽时间一对一陪伴，有助于你的孩子成长。

六、行为问题

孩子的成长不会一帆风顺。正如我们所见，他在疾病康复后会发展和成长，同样他克服了困难的挑战后，会成为更能干、强大的人。这个年龄，大多数问题都会跟他在幼儿园时有关，所以你首先要和老师谈谈。问题可能是关于孩子的基本性格、成长中的障碍、暂时的社交问题或者可能发生的疾病。问题可能以不良行为表现出来，这需要照顾的成人之间的合作和积极的态度来加以处理。

七、残　障

伤残有可能在孩子生命的任何阶段发生。对此保持警惕并观察孩子是及时发现问题的有效方式。如果你发现孩子奇怪或者有不对劲的地方，记录下来并继

> 尽量摆脱坏的情绪，与前配偶就孩子的抚养做出妥善的安排。

你可以做什么
——分居和离婚

- 尽量摆脱坏的情绪，与前配偶就孩子的抚养做出妥善的安排。

- 把孩子的幸福作为你和前任的关系的焦点。

- 让孩子定期见到另外一方父母。

- 在孩子面前不说另外一方父母的坏话。

- 对自己和孩子的未来感到乐观。

- 如果需要，可以请祖父母、亲戚、朋友和孩子的老师帮忙并给出建议。

- 对孩子展示爱和亲密。

- 与模范异性培养积极的关系，这样孩子在生活中有平衡的角色典范，比如，你是一个母亲，除了女性的朋友之外，也需要有男性定期来看你和孩子，比如祖父、叔叔、男性同事或朋友（另见5～7岁部分"混合家庭"一节）。

你可以做什么
——行为问题

- 与你孩子的老师、医生或治疗师交谈。
- 如果孩子有身体缺陷或发展迟缓,带他去治疗。
- 如果需要,就改变孩子的饮食结构或生活方式。食物排除疗法在改变挑战性行为方面效果显著,找出导致问题的食物。
- 在大自然里休闲有非常好的治疗作用。
- 如果孩子有生病的前兆,让他在家休息几天。
- 如果孩子有一些侵犯行为,建议要减少电视和电脑游戏时间。丢掉暴力的玩具,并花更多的时间跟孩子在一起。
- 要相信孩子和老师,相信在经历这些问题之后就会有美好出现。
- 试着想想怎样为孩子做个更好的榜样。

在大自然中休闲对孩子行为问题有帮助。

续观察。如果这种情况继续存在，你很担心的话，可以跟他的老师交流，或者咨询医生和专家。按专家的建议检查和诊断，必要的话，寻求治疗。这个过程可能令人痛苦和泄气，你可以跟有相似经历的父母见面交流，寻求安慰。最重要的是，积极思考，接受家人和朋友提供的帮助。

你可以做什么
——残　障

- 听取他人对孩子的情况的建议。

- 除了传统疗法外，还可以寻找整体疗法。

- 即使你的孩子被确诊患有某种残疾，他很可能在其他的方面具有特殊的才能和天赋。寻求帮助，去发现孩子的才能。

- 假如孩子有严重的残疾，你的孩子在世上的特殊使命，可能就是为了让你发挥你的才能——无条件去爱，无私奉献以及为孩子做出牺牲的能力。

- 从基本意义上来说，大多数有特殊需求的人都是我们的老师。他们带给我们爱，并教会我们如何不期待任何回报地爱。

- 尽力考虑如何成为你的孩子的模范。

第四章 艺术活动

4岁后或甚至早到3岁，大多数孩子有时可以从一些组织好的艺术活动获益。

一、艺术活动

4 岁以后或甚至早到 3 岁，大多数孩子有时可以从一些组织好的艺术活动获益。对于年幼的孩子，我们不去劝说，而是允许他们自愿主动参加。由于这些活动可能经常在幼儿园里进行，所以没有必要在家里定期做。

父母可以把这些活动放在心上，以便他们回来过假期，或在家休养一段时间时再与他们交流。

二、绘　画

3～5 岁的孩子可以玩个不停，充满幻想和想象力，经常改变玩法，无需节奏和理由。就像人们称他们是"玩耍多面手"，他们也是"绘画多面手"。最好在家特定的桌子上准备几张白色的 A4 复印纸和一小篮子彩虹颜色的蜂蜡笔，如洋红、深红、金色、黄色、绿色、蓝色、紫色。儿童应当自由自在地坐着，按照自己的内心需要作画。刚开始，大人应鼓励孩子或让他们模仿成人。3～5 岁孩子绘画的主题也是丰富多彩的——从

你可以做什么

- 经常使用画笔有助于培养艺术感。

- 让孩子按照他们的想象自由地绘画，绘画的过程比结果要重要。

- 让年幼的孩子只是去感受蜂蜡的质地和韧性，不要求他们画出什么东西。

- 大一点的孩子可以用羊毛或毛线做东西，小一点的孩子只是用手指碰触材料，去体会它的质地和享受这种感觉即可。

- 最好形成每天睡前讲故事的惯例。挑选图画有意义的简单童话故事，反复地讲很多天。尽量凭记忆去讲，而不是照书本去念。有时根据孩子要求，和孩子一起看绘本。选择有艺术性绘画的书，根据绘画用简单几句话来讲故事。

- 在假期或休养期，每天有节奏地在固定的时间段开展你选择的艺术活动，并保持下去。你不必一次什么都做，让你的孩子体验一个活动好几个星期，然后再换下一个活动。

对年纪小的孩子来说，绘画就是去感受各种颜色——红、蓝、黄的本质和特性。最好只给孩子这三种基本颜色，孩子们会学会如何根据三种颜色弄出其他颜色和形状。用水稀释颜料，把画纸浸在水中泡10分钟，然后用毛巾吸干纸上的水。这样水彩可以自由地展开和互相影响，在湿纸上自由地流动，不会在不同颜色间形成僵硬的线条。在这个年龄段，尽可能使用柔软的天然毛刷头的有柄画刷。

有中心点的圆形、十字形、树、花、彩虹、太阳和月亮、光线、梯形有窗户的简单房子，到人物线条画或穿着衣服、有头发和睫毛的人等等。通常儿童的画表达的是那一个时期他们的身体内的发展状态。如果他们是自动自发而不被严格管控，那么就会对他们的创作动机更加有利。

三、湿水彩

湿水彩是将画纸事先浸泡后拿出并以湿润绘画的方法，是孩子感受色彩本质的最佳方式。水这种介质，使每种颜色的基本特征，包括流动性和运动性，突显出来。对幼小的孩子，湿水彩作画方法是最适合和最有益的。

尽可能用高品质的绘画纸。A3 大小的纸能让孩子自由挥刷，充分体验所使用的颜料。高品质湿水彩颜料，也会让孩子更好地感受颜色。

- 3～5 岁的孩子每次课只须作一幅画，一周上一次到两次课。每周最好定在同一天作画。
- 给孩子准备画画的木板，画完后，让画在木板上晾干。

四、作画步骤

- 将画纸浸泡水中 10～20 分钟，浸泡时间长短视纸张的厚度和天气而定。
- 准备一个小木盘，里面放三小瓶稀释的湿水彩颜料。只使用三种基本色——深红、深蓝和柠檬黄。只要任意两种颜色在湿纸上接触，就会产生孩子们可以体验的其他颜色。
- 给孩子准备一把大号（18 或 20，平的或圆的）、短柄、软毛头的刷子。品质好的刷子有助于颜色的扩散，丰富孩子对绘画体验。
- 用玻璃瓶（空罐）装 3/4 瓶的干净的水，洗刷子。
- 用一块厚棉巾（或叠成 1/4 大小的洗脸巾）擦干刷子。
- 将画盘、刷子和干布放在桌子上。从水中拿出画纸，让剩余的水滴一会儿。将湿纸放在画板上，把画板放在孩子前面。用一块干净的手巾或茶巾放在纸上，轻轻地拍打，吸干多余的水。

- 第一次最好由大人给孩子示范如何使用画笔绘画：拿起画笔，在水里浸一下，然后用干布弄干画笔。将刷子蘸上一种颜色（孩子可以选自己喜欢的颜色），然后把颜色涂在纸上。在换颜色前，应当给孩子示范如何把画笔洗干净，然后弄干刷子，再蘸下一种颜色。现在可以让你的孩子自己作画，必要时，只是提醒他，换色前洗画笔并弄干画笔。

- 不要给孩子任何口头指导或要求孩子使用某种颜料或用某种方式画某东西。

- 绘画不同于一般的绘图。孩子不只是拿画笔涂画而已。他调动画笔和颜料一起运动，依照颜料的内在法则和绘画者的情感，将一种颜料和另一种颜料混合。在儿童绘画这个阶段，它只是一种颜料运动，内在的体验才是最重要的。

- 绘画开始时，不要讲话或发出太多噪音。当孩子作画时，不要让他讲话或四处走动。画桌周边应当是一种宁静、专注和崇敬的氛围。对颜色的内在体验才是最重要的。

- 湿纸让每种颜色的基本特性突显出来，包括流动和结合。

- 观看并引导画笔的运动。孩子的手应当放在刷把的中间。画笔最和谐的是从左往右运动，缓慢且稳定。

- 鼓励孩子完成他的绘画，即画完给他的页面，如果他说自己已"完成"，就不坚持让他画。

- 将画放置一边，让它自然晒干。等画干后，将孩子的画安全地卷好，以表示对他的尊敬。每张画背后标明日期，以便你记录你的孩子的发展，尤其是他心灵生活的萌芽。

- 口头上不要过度表扬你的孩子。我们可以从整体上表达对颜色和绘画的喜好，或者认可他的努力、专注，但没必要说他是一个天才，或说他的画是杰作。此外，还有许多细微而有力的方式，只是简单的一个字或看一眼、摸一下，就能表达你的喜欢。对于孩子，你要让他感到被认可，而不是让他感到自豪，且易于执着物质成果。

五、蜂蜡塑形

自古以来，人们就知道蜂蜡的治疗功效。蜂蜡中包括辛勤的蜜蜂传播的充足的太阳热量。蜂蜡用做塑形的媒介，能促进孩子全身的热量循环。柔软且有点韧性的质地，让触觉更加敏感。况且它整个气味是吸引人的。

3岁的孩子会把蜂蜡握在手中，感受它的温暖，4～5岁孩子会将它塑成各种形状或物体。你既可到儿童工艺品店买塑形的蜂蜡，也可以自己制作。为了达到塑形所需要的韧性，将纯蜂蜡和羊毛脂放在一起装好，再放进加热的低温水里融化，调好两者的比例，直到融成一体。

蜂蜡是一种有阳光热量的物质，最适合年幼孩子的触摸，这个年龄段的孩子只在特殊场合使用凉性的黏土。

蜂蜡做成的东西可以循环使用。让孩子展示一两天，然后分开颜色，揉成小球，以便下次再用。蜂蜡与空气接触，就会变硬。如果想让它变软，就将硬球

握在手中，慢慢热起来就可以了。冬天的话，可以将蜂蜡球放在烛焰上或把它放到热水（不是沸水）泡一会儿，然后用毛巾擦干，就可以让它变软。

六、烘 焙

面包制作涉及触觉、嗅觉、味觉，可感受塑造、成形、创作，与他人分享和互动。对于任何年龄的小孩都是一项最全面的活动，在家里每天都可做。

- 尽可能用有机的全麦面粉。如果你的孩子对面粉有过敏反应，可以买斯佩尔特（Spelt）小麦面粉或尝试其他麦类如黑麦等。只要你喜欢，任何制作面包的方法都可以。基本的面包制作应有面粉、新酵母或干酵母，还需要带甜味的温水和少量的盐。
- 根据个人口味，可添加干果、粮食籽粒或无核小葡萄等配料。
- 如果有时间让生面隆起两次，那么面包的结构和口味就会更好。当生面团大约有原来两倍大，用力揉搓，让它再次隆起。时间不够的话，如果面包一次性吃完，那么整个揉一次就够了。过一会儿，它就会变硬。

- 孩子可以参与整个面包的制作，包括量面粉、和面和揉面（尝一点看看），然后做成方形或圆形或其他特别形状，帮助孩子把托盘放入烤箱，取出，然后吃面包。当鲜美可口的香味充满房间或厨房，当面包变成黄棕色时，妈妈和孩子及全家围坐桌旁尽情分享。这种感觉太棒了！

七、唱　歌

在任何时间，你都可以和孩子一起唱歌。唱歌可以活跃气氛、发展听力、练习呼吸、保持节奏并增加生活乐趣。

- 孩子在玩耍或参加活动时就会自己哼起歌来。他们只要高兴就会唱歌。请不要让他们唱某一首歌或纠正、表扬他们，让他们自我意识到唱歌。不然的话，他们就会停止唱歌或只是表演一番，而不是内心感到快乐。

- 孩子经常自己编歌曲唱。孩子也可能会唱他已听过的歌或在某个地方学会的歌——从玩伴、游戏组、大人、邻居、购物中心、广播或电视。有些歌曲可能不是儿童歌曲，不适合儿童唱。不要批评或阻止孩子唱歌。在他唱完后，最好是你在他面前唱一首适合他的好歌。

- 要享受和你的孩子一起唱歌。你不必教小孩怎么唱。他们听了一两遍就会跟着唱。重要的是你在唱的过程中散发出来的快乐，反复地唱，无论是欢快或抒情，都要唱合适的歌曲。

- 和孩子一起唱歌，你不必成为专业歌手。尽可能多地唱准和大声唱，用心默记歌曲，缓缓地、轻柔地好像对自己唱出来。每首歌重复唱几次。

- 最适合早期儿童的音乐是五声音乐——基于5个音阶的音乐。如果你不熟悉，可以去买一本专门为这个年龄小孩写的五声歌曲的书。

- 许多传统的儿童歌曲不是五声音阶的音乐，使用它们也是相当不错的，但是要高声地唱，轻柔、流动地唱。节奏是重要的，但不是强调重音的节奏。唱出的歌，要和幼儿的梦幻意识吻合。

- 你的孩子喜欢你唱你小时候唱过的歌或你爸爸给你小时候唱的歌，比如爱的摇篮曲。
- 在和孩子一起做家务时，你要和他们编出幽默或自然的歌曲，以自娱自乐。

- 人的声音是最好的乐器。对于这个年龄的孩子，没有必要找其他的乐器，除非你的孩子是音乐神童，你才需要专业的建议。如果你希望孩子感受一下乐器，那么可以找一些适合早期儿童的乐器，如五声莱雅琴、五声钟琴、小鼓、三角铁或一些铃。重要的是，这些乐器都有很好的音质。等到孩子到小学年龄，再让他去学严肃的乐器。
- 没有必要让孩子经常去听古典音乐、摇滚音乐或现代流行乐队演奏的CD、磁带或现场音乐会。摇滚音乐或声音喧闹的流行乐队可能对孩子有害。
- 在父母一方或双方都是音乐家的特殊情况下，孩子自然会接触到并不适合幼儿的音乐——更适合成人的喧闹乐器，不断重复的、嘈杂的排练，有成人内容的歌曲等。尽量对你的小孩保持敏感，在幼儿的前几年，将家中的这种体验减至最少。

八、讲故事

- 每天都有讲故事的时间，但一天内最好不要讲太多的故事。我们可以讲一些书中经过适当构思并写下来的故事。

- 事实上我们总是给孩子讲故事。既有每天生活里的小事，也有根据某事的一点线索编的小故事。这些故事都给孩子的心灵带来好的滋养。和幼小的孩子说话、传递信息、作出解释或指导，最健康的方式就是讲这种类型的故事。例如，一只幼鸟从树上掉下来，在花园里摔死了。你可以讲一个关于这件事的故事，来解说各种情况（幼鸟的无知、鸟妈妈不在身边）、人生的事实（我们的生和死）、情感（鸟妈妈的担心）、人的关心（掩埋死去的幼鸟）等，这会保护好孩子的天真，帮助孩子健康成长。其他时候，故事脉络清晰和讲究

实际才是最好的。

- 如果成人是讲而不是读一个故事，对小孩子是最有益的，一天至少一次。这种经历是比较个性的和私密的。它会激发孩子更大的想象力，加深母子关系。总会有时间和地方，让你和孩子一起读绘本——一起看图片，半讲半读。
- "故事时间"成为每日的节奏是很好的。比如准备吃饭前读一本书，睡觉时讲一个故事，或准备吃饭前讲一个故事，睡觉时读一本书。
- 在讲故事时，成人须记住故事，以免去看书。你可以用你的话、小小的姿势和全部的情绪尽力去创造丰富的故事人物形象。讲故事的人和听故事的人的身体接触也是温暖的和令人安心的。
- 在讲故事的大部分时间，要保持安宁的嗓音。声音大小要根据内容不同而变化，但是讲说的方式最好不要太夸张，以免唤起孩子的强烈情绪而兴奋不已。
- 运用丰富的词汇，甚至有时用到生动的古语。如果孩子对词的意义有疑问，只管继续讲故事，在讲的过程中把这个难词解释清楚。不要讲故事时回答问题，只是停下来听孩子说，然后继续讲。最好不要边讲边解释故事或讲完后讨论。如果是睡觉时讲，那么故事和它的意义会有助于孩子睡眠。

九、手指游戏、手势游戏和运动游戏

伴有声音、歌曲或节奏的手指、手势和运动游戏是有趣的游戏，这些游戏能同时发展小孩的 4 个基本的身体感官——生命觉、触觉、运动觉和平衡觉。它们还对意识的逐渐唤醒有帮助。

> 享受你孩子的童年时光，陪伴他走过这个发展阶段，会让你的人生经历更有活力。

适合幼儿的音乐

以五声音乐支持你的孩子

为了支持孩子充分地成长，我们必须了解所有可能的教育工具，无论少或多，我们都可以把它们付诸实践。为了理想而努力是最重要的。我们调查各种适合幼儿的艺术活动，最多用途和最有趣的是音乐的艺术和相关活动——简单的乐器、演唱、唱歌游戏、手指和手势游戏、布偶表演、运动游戏等。

音乐对儿童和大人同样有益，但对于早期儿童，有一种音乐是比较适合的，对儿童的成长最有帮助。这种音乐被称为"五声音乐"——根据五声音阶编的曲子和包括第五音程的旋律。最重要的特征是曲子产生的宁静和梦幻气氛。一个五声音阶只有5个音，而不是正常音阶中的7个音。当我们在五声里拉连续弹奏第1和第5个音时，我们就体会到一个第五音程。这个音程给我们一种开放、纯净、信任和被保护的感觉，以及安全抵达地球的感觉。小孩会活在五声音乐中，当他们听到或唱这种音乐，他们都会体会到其中的感觉。这些经历会带来力量、安全和自由。不断地重复，这些经历还会让孩子健康地成长。

五声音乐有助于孩子成为一个完整的人。

然而，五声音乐不会百分百要求我们一直使用第五音程或以五声音阶编曲。虽然五声音乐是幼儿最好的音乐范例，但其他因素也有作用：

- 简单而又流动的节奏。

- 只有一个单一的主旋律，不包括和声中的不同部分。

- 主要使用五声音阶。

- 重复曲子的短句和音程，反复唱诵曲子。

- 在儿童的声音范围内唱——从中音D（钢琴中音C上）到高音E（高音D往上的下一个音）。

- 曲子作为整体包含上面所述的元素，演唱时在合适地方使用自然的姿势。

- 让孩子不通过模仿学习歌曲。

- 注意音乐的精神面。

- 成人以轻柔自然的嗓音，而不是以响亮的、情感的或歌剧似的方式演唱。

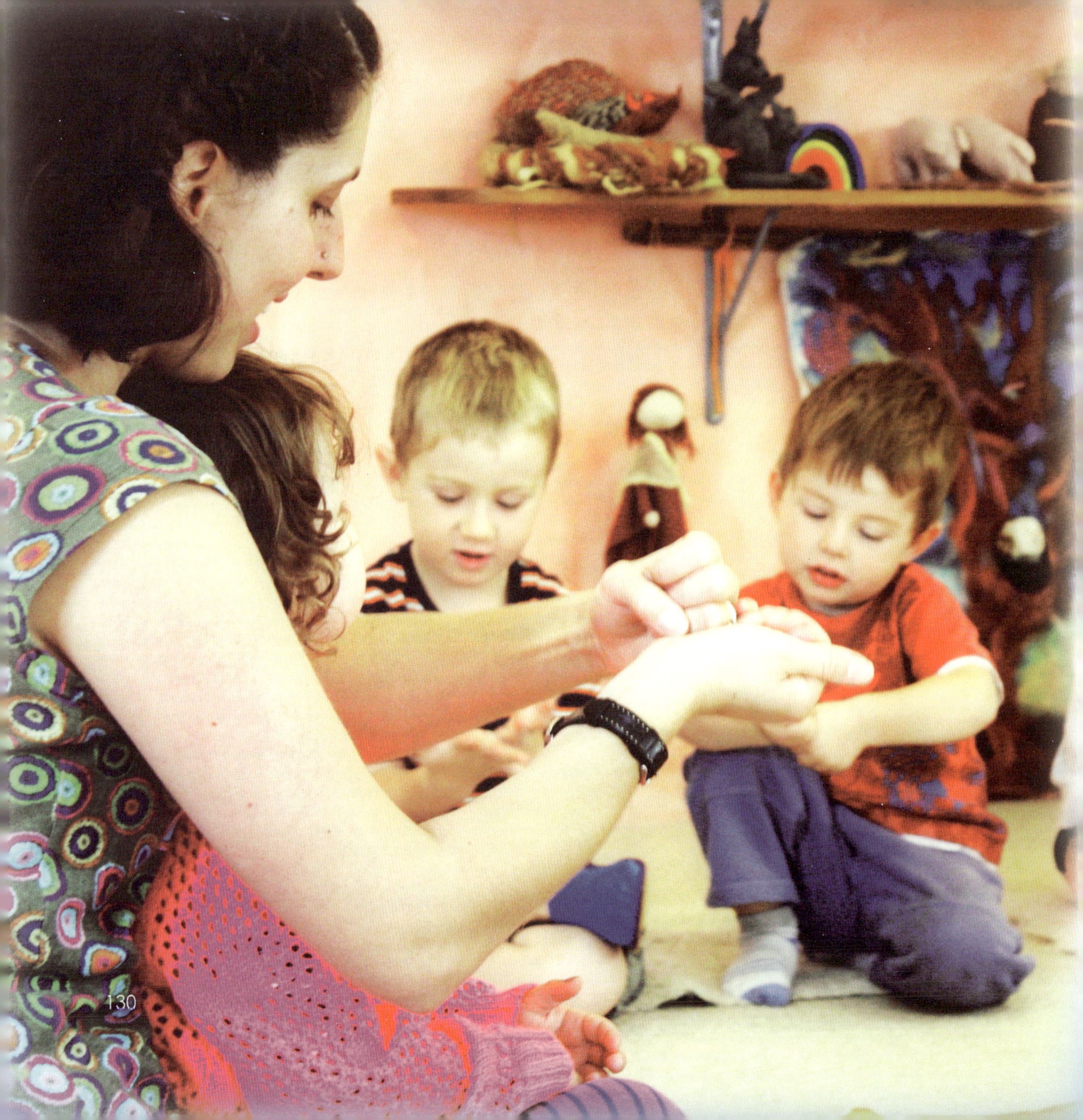

手指游戏——是大人和小孩用手指、手，有时用手臂玩的游戏。手势和运动通常伴随着诗或歌。如果使用简短的散文，那么念诵时也要像念诗一样有韵律感。

全世界都有丰富的传统手指游戏文化。有些是口头相传，有些可在儿童书中见到。每种游戏也有许多种玩法，选择手势、语言和情绪最适合儿童的游戏。你也可以自己编创新手指游戏。也有许多不同的伴奏，最好是选择简单和快乐的曲调。如果你对适合幼儿的音乐有所了解，你可能会喜欢配合传统的文本或新作的诗编出你自己的曲调。

你可以给你任何年龄的孩子介绍手指游戏，但一般孩子到 2 岁或 2 岁以上才会有兴趣。可以开始玩大人握着小孩的手的游戏。如果和很小的孩子玩，只玩触摸和爱抚游戏如"绕啊绕花园"等。3 岁以上的较大孩子如果愿意，可以用自己的手和指头模仿大人的姿势，也可用大人的手做各种姿势。

手指游戏可以培养儿童身体不同部分的意识、轻度的自我意识和促进语言发展。手指游戏对小孩是纯粹的乐趣，有时手指游戏过度刺激小孩，最好一次不要玩太多个手指游戏。孩子越小，触摸和姿势越要轻柔。

手势游戏——这是大人和小孩玩的一种现代游戏，主要用手但是有时也用手指和手臂。如果加入歌曲，这种游戏也被称为韵律音乐游戏。

手势游戏和其他传统手指游戏一样对孩子都是有乐趣的，但还能镇静、治疗、滋养感官，有助于幼儿的发育和成长。手势游戏包含了握住、包住、拥抱、触摸、爱抚和爱这几种根本姿势。它们的治疗效果是强有力的和神奇的。大多数手势游戏适合 7 岁以下孩子，甚至有时适合 9 岁的孩子。也有许多游戏适合 0~2 岁的婴儿。

运动游戏——是指用脚和腿运动，进而影响全身的游戏。运动游戏通常伴随诗或歌曲进行。运动游戏步调正反对立并和脚运动并行，具有平衡、活泼的特点，还可以让人强烈感受到它的节奏性。

🌸 歌曲

《早安歌》Morning Song
N. 福斯特

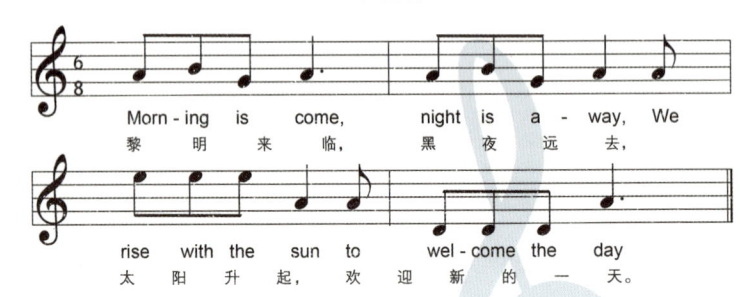

Morn-ing is come, night is a-way, We
黎明来临，黑夜远去，
rise with the sun to wel-come the day
太阳升起，欢迎新的一天。

《摘苹果》Apple Picking
M. 刘易斯

Ap-ples grow-ing ripe and sweet
苹果 长得 红又甜
O may we pick some, please?
哦，我们可以采摘吗？
For the fruit which we do eat, we
为 我们 吃到 的 水果，我们
thank you, ap-ple trees
感谢您，苹果树。

《大地妈妈》Mother Earth
词：艾伦·哈钦斯
曲：伊丽莎白·勒布莱特

1. 大地妈妈，大地妈妈，给予种子以生命。
2. 太阳爸爸，洒下阳光，让那种子去生根。
3. 雨儿姐姐，雨儿姐姐，给那种子以滋润。
4. 风儿哥哥，吹呀吹，让所有绿叶去生长。
5. 大地太阳，风儿雨儿，让那谷物变金子。

1. Mother Earth, Mother Earth, Take our seed and give it birth.
2. Father Sun, gleam and glow, Till the roots be-gin to grow.
3. Sister Rain, Sister Rain, Shed thy tears to swell the grain.
4. Brother Wind, breathe and blow, Then the blade all green will grow.
5. Earth and Sun, Wind and Rain, Turn to gold the living grain.

手指游戏

《蜗牛人》*Snailyman*

威尔玛·厄勒史克

The snailyman creeps from his shell,（蜗牛人从壳里爬出来）
He stretches out his feelers well,（他伸出长长的触角）
Stubb, stubb,（咚！咚！）
He pulls them back again,（他缩回触角）
And creeps back home,（爬回家）
The snailyman（蜗牛人）

动作：

1. 蜗牛人从壳里爬出来——将孩子的右手放在大人的左手上。用你的右手食指从孩子的手背到拇指根部，顺时针地划出两个螺旋形，缓慢而又优美。

2. 他伸出长长的触角——将你的拇指和食指插入孩子的拇指和食指中间，然后伸出来当"触角"，保持一会儿。

3. 咚！咚！——先拿开你的手指，然后用拇指触碰和轻敲"触角"，然后再拿食指，用食指尖触碰和轻敲"触角"，轻轻发出一声惊叹。

4. 他缩回触角——轻轻地将孩子的手指推回去，变成松开的拳头。

5. 爬回家——用右手食指尖从拇指根部开始，在孩子的手背上逆时针地划一个螺旋，直到中心。在说"回家"时，轻轻地挠孩子的手。

6. 蜗牛人——轻轻地用你的手盖住孩子的手，保持一会儿。

手势游戏

《珠布－啊－珠布－珠布》Zoob-a-zoob-Zoob

威尔玛·厄勒史克

Doob－doob－doob－doob-doob,（嘟布－嘟布－嘟布－嘟布－嘟布）

Zoob－zoob－zoob-a-zoob-zoob.（珠布－珠布－珠布－珠布－珠布）

Aye！－Aye！（啊耶！－啊耶！）

Shoom-shey，Shoom-shey！（休姐－谢伊，休姐－谢伊！）

动作：

1. Doob-doob-doob-doob-doob——在手腕处握住孩子的手臂，手指朝上。用右手食指尖轻轻地敲小孩的小拇指到大拇指的指甲。

2. Zoob-zoob-zoob-a-zoob-zoob——轻轻地拉大拇指到小拇指的指尖。

3. Aye！－Aye！——用你的右手从手腕滑向小孩的手指尖。唱"Aye"，用第五音程从高音 E 唱到 A，将手收回，重复一次。

4. Shoom-shey——用你的右手从手腕沿着孩子的手背滑向手指。慢慢地说"shey"，将孩子的手握成拳头，然后将手穿过握好的拳头，到手腕。

5. Shoom-shey！——重复第 4 步。最后，用双手握住孩子的手，小心地让手腕松开。

选自《手势游戏、舞蹈和歌曲》（2002 年，斯图加特 Free Spirit Life 出版）

十、给孩子的书

对于 2 岁半前的孩子，没有必要给他书。但是如果你觉得应当给这个年龄的孩子准备一些书，你可以买一些学步小孩的书。这些书最好是用硬纸板做封面，有几张展示自然环境中的动物的厚页——毛毛虫、蝴蝶、小狗或小猫等。注意柔和的颜色和艺术品质，给他们买几本，不要买光是字母和数字的书。

对于 3 岁到 6 岁较大的孩子，可以给他们买些生日和圣诞节的书，让他们开始设立自己的图画故事书架。你能给孩子准备的最珍贵的礼物之一就是一本过去流行的旧书，打开书，拉一下细线或纸板条，就可以使这些书的图片从三面立起来。这样的书，会使故事成为有真实人物的真实生活场景。这些书对孩子想象力的发展有神奇的作用，同时还让孩子的心灵生活活跃起来。

你要记住不要给孩子买太多的书，仔细挑选每个故事的内容，给孩子做好尊敬和爱护书的榜样。

如何给孩子挑选书

大部分 3 岁到 5 岁的孩子都喜欢跟成年人一起看绘本。在户外或室内游戏活动时间结束以后，或者散步回来后，看书可以在一天的节奏中提供一段安静的时间，给孩子选择质量好并适合他年龄段的书很重要。以下是你想要找的儿童书的品质：

- 艺术性，充满想象力和柔和颜色的图片。

- 图片多于文字。

- 简短而有意义的故事梗概。

- 简洁的语句，简单的语法结构，但确实包含丰富的词汇。

- 童话故事通常都是一个好的选择，关于自然和动物的书也受很多孩子的喜爱。

- 最好选择硬封面的书，这样书没有那么容易被撕坏或显得破旧。

- 在这个阶段，尽量避免给孩子看有卡通或漫画插画的书。这些书往往都是嘲讽人类和动物，会让儿童对世界有不真实和消极的印象。

第五章 支持你自己

（参考 1～3 岁部分"支持你自己"）

在儿童早期这个黄金时期，抚养孩子的压力和挑战对大多数父母来说似乎缓解了一点儿。由于孩子已掌握几近"完美"的技能——行走和跑步、说母语、发展天生的思考能力，超越对食物和睡眠的需求，你的孩子从此进入一个认真玩耍的阶段。

这是人的一个最有创造力的阶段，长大成人后的创造力都是这个阶段创造力的延续和转化。因此，父母提供机会，让他们把灵感激发出来，去体验和表达他们自己的创造动机。

练习观察你孩子的玩耍，站在他的位置和以他的心态想象你自己，不管你从事什么职业，让你的想象力在你的活动中超常发挥。我们曾经都是小孩，但是随着我们长大，关注的事情太多，渐渐失去了那份好奇和幻想。让我们的孩子帮我们找回幻想、活力和生活的快乐。

当孩子长大后，他们就会去朋友家或自己去看外祖父母。若是孩子没有你时也有信心和过得舒适自在的话，那么你就有机会走亲访友、出去散步、去看画展——这些都会给你的日常生活带来新的灵感。

既要付出精力照料小孩，同时又要加深你和爱人之间的关系，照顾好你们自己——重新发现自己的需要、愿望和梦想，这两者取得平衡是困难的。这就是好的父母和有成就的父母的标志。不断地实践、保持好的信念，我们就会在现代养育这门艺术中成为一个成功的艺术家。

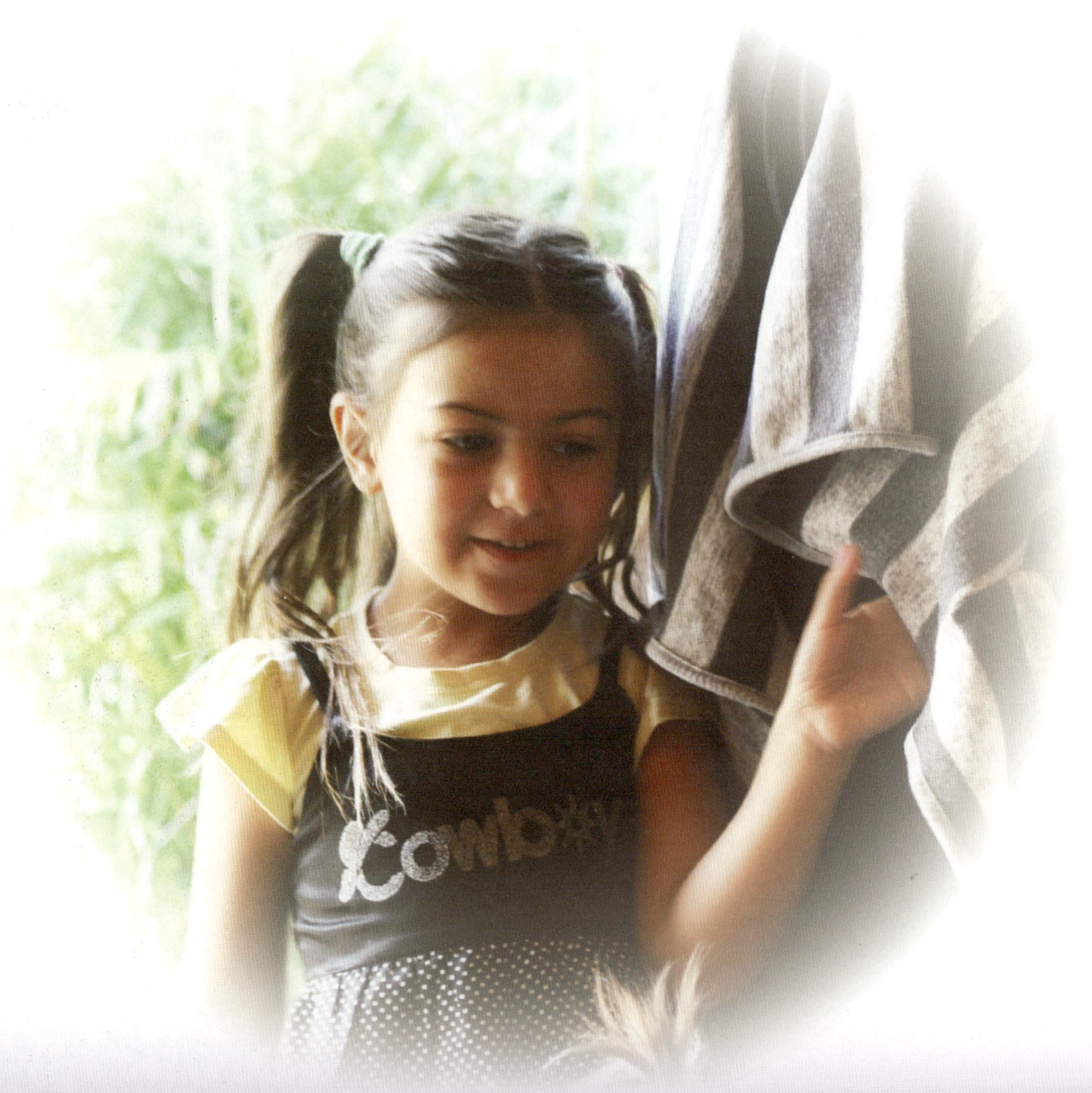
cowb

5～7岁

第一章 长大

一、前言

经历了幼年的前两个重要的发展阶段——从爬行和走路到"烦人的两岁",和从 3 岁到 5 岁阶段,你的孩子到达第三个重要发展阶段,这个阶段从 5 岁开始到 7 岁左右结束。在本文里谈的"7 岁",是指孩子生命的第七个年头——从 6 岁到 7 岁生日这段。这是幼年时期的"加冕阶段"。

二、身体的变化

从大约 5 岁开始,孩子的外形开始发生很大的变化,特别是腿变长了。虽然脸还有点圆乎乎,身躯和四肢开始变长和纤细起来,肌肉开始出现,膝盖更灵活。孩子现在能够更快地走和跑,很多孩子喜欢爬树,在狭窄的窗台上练习平衡,做一些需要手指灵活性的工作。特别是男孩子,体育活动变得很受欢迎。

慢慢地，孩子有清晰的腰线，裤子在腰部不会掉下来，肚子开始变平，脊柱呈现优雅的 S 形，有助于其敏捷地运动。

三、自主的和有意义的玩耍

这些身体的变化也伴随着心理的变化。孩子的真正意志现在要引导他以一种不同的方式玩耍。在这个年龄之前，孩子是受外界的物体刺激，然后以自发的、原始的意志形式玩耍。

在 6 岁的时候，孩子的个体意志通过内在创造活动酝酿的计划体现出来。5 岁或 6 岁的孩子会有一个想要在玩耍中实现的目标。在 4 岁到 5 岁之间，是"为了玩而玩"，6 岁的孩子先会决定他想做什么，然后开始找到方式来实现它。这时的玩耍仍旧是想象性的和模仿性的，但随后开始转变成自主的和有意义的，其中还有玩伴们的许多讨论和主意的分享。

四、6 岁的孩子如何玩耍

一些孩子在家里的客厅玩耍，两个妈妈在附近坐着，一边做针线活一边轻声聊天。一个 4 岁的男孩拿起一个空木碗，吆喝着，并不针对某个特别的人："这是我的野餐

你可以做什么
——身体活动与玩耍

- 让孩子有很多的户外活动时间，以便他们练习刚刚发展出来的身体能力。

- 时常带孩子去公园，让他们爬树或者和朋友一起跑着玩。

- 认识到不同的年龄的孩子需要不同形式的玩耍。

- 当 6 岁的孩子需要并提出要求，可以提供特殊的玩耍材料。

- 让 6 岁的孩子在真正玩耍之前尽情谈论、探讨和做计划。

- 如果孩子需要的话，给予建议和意见。

篮子。"他放了些松果和鹅卵石到篮子里,"这是苹果和葡萄。再见,我要去野餐了……"在房间的另一个角落,一个6岁的女孩正对一个年龄相仿的男孩说:"天太热,我们去河边野餐吧,咱们一起去吧。我这有个野餐篮子,还有一块布可以把食物盖上以免苍蝇来吃。你去买一些三明治,两个苹果,我们会需要葡萄、梨和煮鸡蛋。咱们带上一些钓鱼线吧,在河里钓鱼。""我有两根钓鱼竿,但是没有鱼线,去找你妈妈要一些线……"在松果、种子、贝壳和鹅卵石,还有两块当作水瓶的木块和女孩的妈妈给的当钓鱼线的羊毛线被放进篮子里之后,他们开始讨论怎样拼凑一辆车可以载他们到河边,谁可以当司机,等等。然后他们出发了,一路上，他们假装发出很多换挡和引擎的噪音，然后停下来野餐，钓了10条鱼，然后又绕着乡村开了好长好长的路。这个时候，那个4岁男孩早就忘了起初的野餐游戏，之后跟随大家一起玩了木块、娃娃、玩具电熨斗、羊毛球和桌偶所引出的其他5个游戏。

> 玩耍成为自主的、有意义的事，通常需要同伴间更多的讨论和交流。

翻绳游戏有助于培养手指和手的灵活性与心智的敏锐。

翻绳游戏

翻绳游戏是世界上很多（非西方）国家的儿童广泛玩的一种传统绳游戏。它适合5岁到9岁的男孩和女孩玩，它对儿童手指和手的灵活和心智的敏锐都是一种培养。

这个游戏的绳需要一定的长度，才能玩。首先将绳子的双端结成一个圆圈，然后由两个人一起玩。一个孩子用两手的拇指和食指把双股的线绳撑起来，远到另一个孩子的面前。另一个孩子也用双手的拇指和食指从对方双手的两侧分别捏住其中的一股线绳，然后把捏着线绳的双手向上、向外翻，或者向下、向内翻，能翻出若干个花样来。双方交替编翻，直到一方不能再编翻下去为止。这个游戏被称为翻线绳，可以增加记忆力和提高技能。

有许多这样的游戏，有的很容易，有的却很复杂，很难记住。游戏的名称也不一样，但是翻绳游戏是大家最熟悉的和最普及的，这也许是儿童翻绳游戏有时被称为"猫的摇篮"的原因吧。

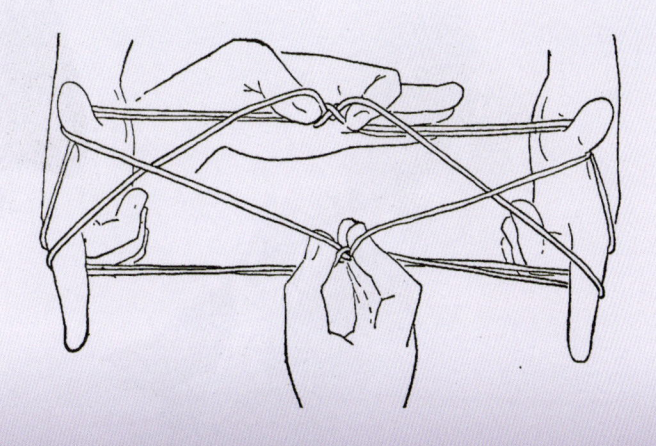

动作歌曲

《砍柴歌》Chip Chop

传统歌曲

Chip Chop, Chip Chop, Chippa Choppa Joe One big blow
砍　柴　的　小　阿　周　　　　　　　碰到我脚趾头
Touch, my toe!

Chippa - Choppa Joe chops wood just so.
小　阿　周　就　这　样　砍　柴

《来吧，亲爱的妹妹》Come Dear Sister

汤奶奶改编自德文

Come my sister dance with me, both my hands I give to thee.
来吧，我的妹妹，和我一起跳舞，抓住我的双手。

one step here, one step there, round about as light as air! La La La
往这一步，往那一步，转圈，像风一样轻，啦啦啦！

《垫脚石》Stepping Stones

汤奶奶根据传统改编

stepping over stepping stones, one two three, the river's very fast
come with me! the river's very wide
踏上垫脚石，一，二，三，跟我来，大河快又宽。

and we will step upon the stepping stones and cross to the other side!
我们踏上垫脚石，跨过河到另一边！

第二章
你孩子的成长

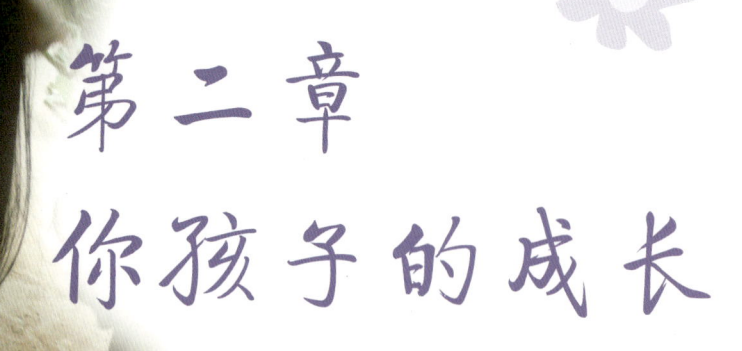

一、语言和思考能力的发展

智力的发展在这个年龄阶段愈发显现。这些能力最开始通过语言和记忆来表现。词汇开始丰富起来了，运用"所以""如果""因为""因此"这样的词语，而使语言具有逻辑和推理性。在玩耍中，孩子开始打结，用绳子将东西绑在一起，同时他也喜欢将一件事与另一件事用逻辑联系起来，他可能会问技术性和哲学性的问题。

他们会玩很多的文字游戏，编押韵诗，猜谜语，窃窃私语，然后咯咯笑。如果这些变成嘲讽粗鲁的韵文，以他人为代价的窃窃私语和嬉笑，就会是一项挑战。6岁孩子说脏话是大多数父母感到很担心的事情。

二、嘲讽粗鲁的韵文、窃窃私语和嬉笑、骂人的脏话

- 避免震惊和愤怒，要运用幽默。
- 试图理解这是孩子正在经历的发展阶段，因此要正面看待。
- 参加活动，建议采用有趣好玩的、没有侵犯性的韵文。
- 如果它是轻度粗鲁的词，你可以让他用另一种不那么粗鲁的方式使用这个词。
- 如果是非常粗鲁的词，你要断然地说这是个粗俗的词，你不喜欢，建议用好听且意思更温和的词。
- 少许的窃窃私语和嬉笑是允许的，然后坚定地说（举例）："你们说够了，你现在可以和朋友去花园里玩了！"

你可以做什么
——语　言

- 尽可能多地和你的孩子一起读儿童诗歌和童谣。
- 无意义的句子和简单的绕口令对于6岁的孩子是很好的挑战。
- 与孩子说话时，试着用更丰富的词汇，选择一些较长的、复杂的词语。
- 鼓励孩子打结和系鞋带，提供绳子让他自己做这些事情。
- 技术性的和哲学方面的问题不需要提供一个完全技术性的或哲学性的回答。
- 孩子只是通过形成这些问题，来学习思考。最好用图像语言或故事作出简单或有想象力的回答。

儿童智力的提高和他整体意识的发展是分不开的。

三、意识的发展

儿童智力的提高是与他整体意识的发展分不开的。你的孩子现在是一个脱离外面的世界和其他人独立存在的个体。他能够意识到区别，能观察自然或者外界的事物，并有意识地在一定程度上复制它。我们可以从一个6岁孩子的画上观察到这一点，他的画包含越来越多的现实的细节。对时间和未来的兴趣也很明显，他们喜欢说像"在古代的时候""昨天""明天""后天和后天的明天""当我和你一样老时"诸如此类的话。同时，他们也爱给予和接受惊喜……

当外面真实的世界被更加敏锐地观察到的时候，关键的自我批评的能力就开始萌芽了。6岁的孩子开始感觉到自己所做的没有做到最"正确"或者最"好"。他有时会揉自己的画，说画得不好，或者毁坏一个刚完成的手工，并说这不是它应该形成的样子。他们对父母、老师、姐妹、朋友的衣服或者发型全盘审视，而且经常认为是"令人讨厌的"。

你可以做什么
—— 意识的发展

- 你可以参与进来，与孩子分享词语游戏的乐趣。
- 欣赏他画画的新风格。
- 救起他揉乱的画，把它铺平，欣赏它，然后说你喜欢它，想保存这幅画。对毁坏的手工也可以这样处理。说正向和欣赏的话，如果孩子允许的话，给孩子一个温暖的拥抱。
- 尝试倾听这个"令人讨厌的"评论，然后说"哦，我喜欢它"或者"但她喜欢它""他认为它很漂亮。现在让我们来摆桌子吧"等等。成人不作情绪上的反应是很重要的。
- 学会回应而不是反应。

四、情感的发展——"小青春期"

孩子在 6 岁左右会经历情感发展危机。他们感觉自己与这个世界和其他人分离了，就好像从幼年的魔法世界醒来，体会着现实世界的美，也体会着它的丑陋和令人害怕的细节。他们发现自己不像过去那样善于做事情和学习新的东西。他们过去所仰视和"崇拜"的成人也并不像以前看起来那样完美。6 岁的孩子经常感觉孤单和孤独，这点与 12 岁青春期的孩子所感觉的很相似。事实上，这个生命阶段被称为"第一个青春期"或"小青春期"。它没有那么严重，也不会持续很长时间，但是和 12 岁青春期有相似的特征——孤独、伤感和叛逆。

这是孩子喜欢去体验、表达情感的不同方式的时候。在 5 岁前，她主要的情绪是愉悦的和阳光的，伤心只是短暂的春雨，持续几秒钟而已。现在这个 6 岁左右的孩子可能会有负面情绪，表现非常情绪化，有时非常伤心，有时活力四射。他对某人或某事非爱即恨；他眼中的东西要么是美丽的，要么是令人讨厌的。玩耍很没意思，对食物没有胃口，朋友令人恼怒，他们有的时候希望独自待着，远离兄弟姐妹和所有人。而另一方面，这个时候第一次开始形成牢固的友谊，有时候这种友谊会持续终身。

这个 6 岁阶段的孩子的创造力和生产力可能暂时遭受挫折。从外表来看，他显得消极，但是在内在很多发展的活动正在发生。

你可以做什么
——情感的发展

- 理解孩子的情绪，给予孩子空间，让他从不好的情绪中走出来。

- 当6岁的孩子感到无聊时，哄他去玩是无效的。他所需要的是靠近你，模仿你所做的事情，学习在工作中表达个性的方式。一会儿后，他又会找回如何玩耍的感觉。

- 你的孩子在这个情感脆弱阶段需要你的支持，你要多给他爱和肯定。

- 你要用耐心和理解帮助他度过危机。

- 如果得到适当的理解和支持，这个危机不会持续很长时间，孩子会来到下一个成长阶段，准备好了上小学所需的各种能力。

孩子在6岁左右会经历情感发展危机。他们感觉自己与这个世界和其他人分离了，就好像从幼年的魔法世界醒来。

第三章 承担责任

非常年幼的孩子毫无疑问地将周围的成人当作自己的典范,他们无法只选择好的典范去模仿,而不模仿不好的。

一、以成人为典范

非常年幼的孩子毫无疑问地将周围的成人当作自己的典范。他们无法只选择好的典范去模仿,而不模仿不好的。他们对成人是完全尊重的。在5岁或6岁,孩子具有认识现实、推理和判断的新能力,对成人权威的尊重不再是自动的和容易获得的。很多孩子开始变得反叛或者在行为中表现出不尊重和不服从。

在另一方面,这个时候又是孩子最需要很强的典范和成人权威的时候。他们已经失去了那种天真烂漫的感觉。他们把自己的表现与成人的比较,然后发现自己很缺乏。他们"脚下的土地开始摇晃",他们不再对任何事情感到确定。那种对成人(主要对自己的父母)的持续信念,即把成人视为他们将来长大成人最好的典范,是他们用以抵挡这种不安全感的"锚"。

这个年龄的孩子需要权威来尊敬和服从。这不再是仅仅基于爱和接纳的权威,而是基于观察到或体验到成人身上有最珍贵的人类品质——爱、同情、耐心、平静、诚实、公平、勤劳和精神上的努力等。为了帮助孩子健康地成长,我们需要不断地提升我们自己,所以有这样一句话:"孩子是成人的老师。"

你可以做什么
——以成人为典范

- 当孩子不断地不顺从或者表现不尊重,除了平静地示范适当的行为之外,花时间审视一下你自己一直以来是怎么行事的。

- 无礼通常是内在不安全的面具,试着去理解这种潜藏的感受。

- 愤怒和惩罚会导致怨恨和更加不尊重,还会对孩子的健康和成长有负面影响。

- 有很多方式可以提升你自己,变成一个好的典范——开始上自我发展课程、阅读关于儿童心理和自我发展的书籍、参加父母互助组、从孩子的老师或者咨询师那里获得建议。

二、模仿真实的工作

当孩子6岁发展危机处于转化阶段，外在的创造性活动似乎停止了。能支持内在成长过程最好的事情就是有机会观察和模仿成人的真实工作。这包含着体验一个成熟的人如何在行动中表达自己的个性，这会激发年幼孩子同样的过程。然后，姿势、态度和有用的工作结果会被孩子吸收和模仿，慢慢地将他从临时的茧中带出来，成为崭新的、自主的、独立的个体。

如果孩子时常有机会去观察工作中的手艺人或者专业人士，比如，建筑工人、钟表匠、陶工、音乐家、厨师、粉刷工等，会有巨大的帮助。在家里，孩子可以观察并帮助母亲切菜、煮饭、晒衣服、熨衣服、缝补、织毛线等，或者观察并帮助父亲砍木头、生火、修排水沟、贴地砖、洗车、修补栅栏等。

三、手工的重要性

做手工不仅有乐趣，而且对孩子的发展很重要。事实上，手工是人类生活中一项基本的活动。照顾好自己的身体和事情，为他人制作东西，关心环境和世界，创造美的物体和艺术作品，安抚悲痛，缓解痛苦，治疗伤病，祈祷和祝福等，都是由人的双手来完成。重要的是，当孩子在成长时，他就有机会观察和见证成人的这些有意义的行为。成人应当根据孩子的水平引导帮助孩子发展这些社会和精神能力，这也可以通过手工来完成——在家和父母，在幼儿园和老师。手工还可以培养手指和手的灵活度，培养使用工具的技能，以及作出判断的能力。手工对男孩和女孩都是必不可少的。

你可以做什么
——以成人为典范

- 获得孩子尊重的最有效的方式之一，就是让孩子看见你总是很努力在成为更好的人、更好的父母，虽然有时你仍然会犯错误。

- 建议不要与孩子讨论你在自我发展方面的努力，他会以他自己的方式来感受这件事。利用故事来传递这样的信息会更好。

- 如有可能，尽量在孩子周围不用电子产品——电视、电脑、iPad、手机和游戏机等。

- 当孩子和大人在一起，他们需要感受到大人是全心陪伴。他们还需要看到大人在现实社会和人际交往中的样子。

5～7岁，孩子的身体开始长成了，身体的每一部分都有清晰的线条，都已发育好，以便开展它所要发挥的功能。手和手指也有它们相应的功能。儿童手指的肌肉现在已足够成熟，可以进行不同的手工活所要求的更精细准确的工作。儿童会感受到自己手中的这种能力并对制造东西更加有兴趣。孩子们能做的手工五花八门，有些孩子需要大人的支持和帮助，有些则通过模仿或凭借自己的智力和主动就可以把东西做出来。作为大人，我们的主要作用就是提供安全保护和物资，必要时给出建议，重要的是，为勤劳的"手工艺人"树立榜样。

四、缝纫和刺绣

4岁半的孩子，特别是女孩，可以开始缝纫，孩子已到了想要模仿大姐姐或幼儿园朋友的时候。大人应当让他们尽可能多做，只要他们有兴趣。可以给较大的孩子安排缝纫的活，这个活需要时间和专注力，需要来来回回缝很多次才能缝完。例如，缝一个布偶毯，做一个书包或缝一条娃娃裙……第一步是简单的平针，首先给孩子更大的针和更粗的线，然后让他们自己去缝——大针、小针、向上、向下或弯一点儿。孩子在发展这项技能时，该怎么缝，心中早已有数。

每缝一针，孩子都能发展和提升他的思维能力。缝

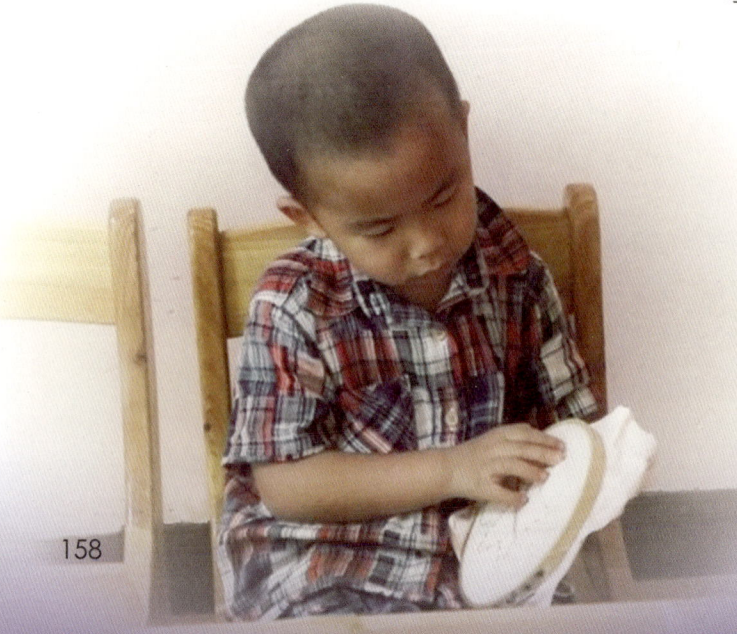

> 做手工不仅有趣，而且对孩子的发育很重要。事实上，它是人类生活中一项基本的活动。

纫是手和手指最平衡的活动，能刺激相应的大脑区域，让孩子长大后的思维方式更和谐。刺绣时，用绣花圈把绣布弄平直是有帮助的。用一根粗一点的针，选各种不同颜色的线。孩子首先模仿着大人去绣，大人则帮助和指导小孩完成。绣成的东西都用于家庭，如圆垫、锅垫、钱包或布袋。

五、布偶制作

小孩做的第一件东西通常是简单的打结布偶，具体做法见本书 200 页。

6 岁孩子的针线篮

针线篮是 6 岁孩子可以拥有的神奇物品。找一个圆形、方形或者长方形有盖的篮子。如果长方形就用 A5 纸大小。在里面，你可以放小片的自然材质的布（棉、毛毡、棉绒），不同的单色，各种大小尺寸，整齐地叠好。其他的材料包含儿童用的安全剪刀、一个有三根不同大小的针的自制针包、红黄蓝三小卷棉线、针枕、一些纽扣和顶针。顶针可以在缝的时候保护敏感的指尖，可以演示给孩子看如何用顶针，但不要坚持让孩子真正使用它。尽管小孩很少自己去尝试，但是可以给他们演示如何使用针线，你还可以在里面加一个最小的圆形刺绣箍，以及一些使用它的必要材料。

不管男孩女孩，你都可以给他或她准备针线篮。通过观察和模仿成人，无论什么时候想缝什么，他们都会使用针线篮。

六、木　工

无论男孩女孩，只要他们喜欢，你都可以让他们去体验木工。

七、锯东西

这个年龄的孩子都非常熟悉如何使用基本的木工工具，如手拉锯、锤、钉、木锉、砂纸等。你可以在公园或院子找一个安全的地方，让孩子使用手锯把相对细小的树枝锯成短木块。这些厚度、长度各不相同的木块，可以用砂纸磨平，作孩子玩耍用的建构木块。让他们去多锯些木块，然后放到大篮子里，再去打磨。这些木块就变成最天然、健康的玩具。

八、锤子和钉子

从建筑工人那里收集一篮子小木块或竹块，给你孩子做木工用。这可以在阳台或外面的硬地面上进行。让孩子发挥想象，做出他们自己设计的玩具——小汽车、卡车、船或箱子……给他们用儿童锤，但大多数孩子能用正常大小的锤子，且往往喜欢使大的锤子。起初应在大人看护下进行，直到孩子掌握了，并且能小心使用工具为止。

九、木　锉

先准备一些短小的树枝和手工锉。小孩可以学会锉掉细枝的一部分，按自己的设计做成各种雕塑的形状。最好是在室外进行，以免家具上有木锉锉下来的木屑。如果家中或教室宽敞，也可以在室内进行。

让孩子制作他们自己设计的玩具——小汽车、卡车、船或箱子。可以给孩子儿童专用锤子，但大多数孩子都能并且喜欢使用正常大小的锤子。

十、社　交

　　孩子在这个阶段的社交学习要跨越一大步。此时的孩子是新发展的情感生命，他们在同龄人里的关系开始变得不太一样。与同龄人的交往变得重要，真正的友谊被培养起来。6 岁的孩子喜欢谈论"我最好的朋友"，这种最好的友谊不像在幼儿时期一样每天都变化，有的甚至持续到成年。

　　忠诚和正义感随着不同程度的亲密关系而发展。在孩子与更广阔世界的关系中、与家人和朋友的关系中，公平明显变得重要起来。孩子已经清醒地入世，现在能够辨别出什么是正义和非正义；当他认为自己被不公平对待的时候会变得非常愤怒和痛苦。

　　弟弟妹妹和其他小朋友的陪伴变得没那么重要。平衡这些关系与对同龄群体的新需求需要一定的时间。

十一、承担责任

　　6 岁的孩子更成熟也更具有主动性，开始担当一小部分的责任。视孩子的状况，可以让孩子和成人一起来承担。有的孩子比其他孩子要早一些承担责任。

这样，6岁的孩子可以每晚在晚餐时间倒水，在周末喂鸡，等等。这个时候，他一般已经准备好了在固定的时间做某项工作，你只须时不时地提醒他一下。年幼一些的孩子不应每日有必做的任务，而只应给他特定的任务。

一些家庭为了让孩子固定地做某项工作，而每周给他一些零花钱。这是不必要的，但是如果这很奏效的话，可以选择这样做，不过尽量把这个钱数控制到最少，只是作为象征性的表示——认可他对家庭的贡献，赏识他到了一个新的成长阶段。你可以鼓励他将钱攒起来，比如，给弟弟买生日礼物，买一本你认可的童话书。

你可以做什么
——社　交

- 尊重孩子对特殊友谊的需求。如果这种需求走向极端或者当友谊具有**占有性**，要帮助他学会节制。你可以安排普通的朋友放学后来玩，而不邀请你孩子特依赖的最好的朋友。

- 你要耐心地等待孩子学习如何平衡老朋友和新朋友、普通朋友和最好朋友、年幼朋友和同龄朋友的社交生活。他有时会需要你的支持和建议。

- 至于交年长的朋友，孩子需要引导。相同性别的好典范对孩子会很有帮助，但是要避免过分的偶像崇拜。他需要更多地与同龄人群体交往。成人可以作为孩子最好的典范，你可以尽量让孩子与这些你认为值得效仿的人接触。

- 如果可能，要避免让孩子花太多时间与青春期的孩子为伍。他们的情绪变化和沉重的情绪状态会给他们原本很轻盈的生命状态带来负面的影响。他们典型的行为绝对是不适当的，比如过度使用电脑、听摇滚和重金属音乐、吸烟等。

163

# 第四章
艺术和手工

一、5~7岁孩子的艺术和手工

如前所述，5~7岁孩子在早期发育阶段仍然喜欢固定的艺术和手工活动。

二、艺　术

塑形——继续用蜂蜡塑形。蜂蜡的材质不仅仅有益于孩子的健康和良好存在，也是理想的塑形材料。塑形会激发孩子的意志，让孩子在制作和塑形东西时加强"我"的意识。

当孩子长大，更加专注于自身时，让他不时地玩一些陶泥会有好处。陶泥是冰冷的，不适合太小的孩子玩。6～7岁对孩子的勇气和冒险精神都是一种挑战，他会塑出更加艺术和复杂的形状。下一次塑形再回到蜂蜡，以便他因蜂蜡的温暖、熟悉而感到心里踏实。

水彩绘画——湿水彩画仍然是大多数孩子喜欢的活动。他们现在更加有兴趣和善于从三种基本色创造不同的颜色。孩子也可以认真而又快乐地参与艺术试验活动，有时会产生代表性的形状和人物形象。最好不要让孩子用刷子画，或者画某一具体的东西。在这个阶段，仍然是一个发现的过程。在玩颜料时，去发现颜料中不同的特性和可能性。

如果孩子早些时候被允许自由地画，那么现在他们就会对运用颜色表达情感更有信心，尽管仍然是无意识的。随着自我变得更加具体，颜色普遍会变得更浓、更有活力和异彩纷呈。

只要在某个时期某段时间的某一天，保持绘画的节奏，就会很好。画完之后清洁也是绘画活动中不可

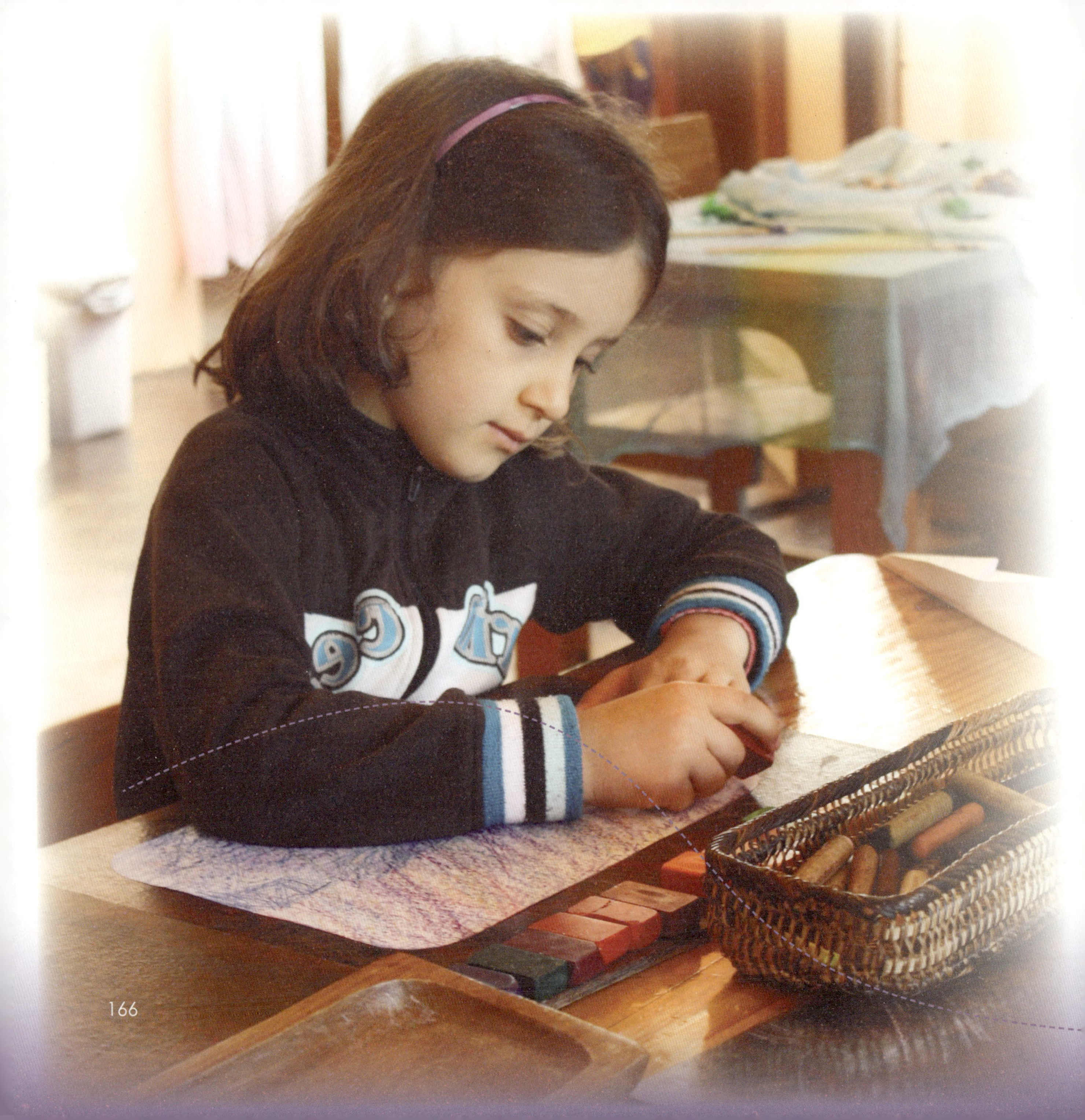

分割的一部分。

绘画——继续用蜂蜡笔画，如果可能的话。对于 6 岁孩子，除了正常的块状蜡笔，你还可以给棒状蜡笔——它们都被制成粗铅笔形状，上面没有木头覆盖。到孩子 7 岁时，就可以用棒状蜡笔写字母了。7 岁的孩子手指肌肉已充分长好，可以像拿铅笔一样抓住蜡笔。如果喜欢，仍然可以用块状蜡笔画画。

现在，家长给孩子全色系的蜡笔，6 岁以上，甚至给黑色和白色蜡笔。虽然在前几年孩子不需要全色系的蜡笔，但棕色、深紫或蓝色的各种形状的蜡笔也是可以的。

5～7 岁的孩子会花更多时间专注地画画。想象力仍然起着重要作用，越来越重视细节的现实主题开始出现，如树上的单片叶子、通向楼上的楼梯、发型和眼睫毛。颜色越来越浓，线条越来越粗，整页都画满。活跃的外在生命细节和内在心灵表达的呈现相互交织。

到了 6 岁半或 7 岁，有些孩子出现一种新的变化，不过通常只是一小会儿。由于这个阶段孩子的生理和心理的变化，以及对现实上升的意识，较大的孩子开始对自己和自己的能力感到不自信，这会让他意识到自己的不足。比如，观看一幅刚完成的画，他不再像 4 岁孩子那样说："你喜欢我的画吗？它是……"而可能会把画弄皱，咕哝着："讨厌，太糟糕了！"然后扔进垃圾桶。

此时你的孩子可能需要你的支持，他需要你的认可和肯定。你可能需要从垃圾桶捡起画，在桌子上弄平，然后充满感情地看着，并说："我认为还不错，我喜欢金色的光（天空的蓝或一字排开飞行的鸟……），我可以拥有它吗？"等等。

对于这个年龄段的孩子，如果他们很早的时候就开始自由地画画，现在就会很自信地用颜料表达他们的情感了。

第五章 纪律约束、创造性的疗愈与生日故事

一、纪律约束

很多成人发现让 6 岁的孩子遵守纪律是很有挑战性的，这需要与孩子小的时候不同的处理方式。然而，有一些基本的因素是可以同样适用于两种情形的。

始终如一的每日节奏是关键的因素，从一开始就下定决心建立这种节奏是第一步。然后不断重复节奏直到好的习惯形成，会消除很多这样的问题。

成人示范好的行为和清晰的界限对孩子总是有帮助的。从身体上示范给孩子在他的空间里该如何做也会是有效的。举例来说，假如一个孩子歪歪扭扭坐在椅子上，破坏了感恩唱诵，你就起身，走到他的座位前，轻轻地扶他坐直了。需要的话，重新整理盘子、刀叉、水杯，直至有条不紊。

通过各种支持的行为，最重要的是通过成人真实工作的示范，来引导孩子走向自律。

> 目的是通过各种支持的行为，最重要的是通过成人真实工作的示范，来引导孩子走向自律。

你可以做什么
——纪律约束

- 尽量创造一个让孩子的想象力得到发展的玩耍空间。
- 沟通要传达明确的信息。
- 尽量避免给予太多选择。
- 体育锻炼和户外活动能够消耗过多的能量和攻击性。
- 花时间在大自然中，会帮助孩子消解他的挫败或沮丧。
- 让孩子从事真实的工作是一种消解他心中累积的挫败或沮丧和愤怒的方式。
- 用疗愈的故事，而不是用惩罚和告诫。
- 用正向的方式建立孩子的自尊。
- 保持平静，用爱和温暖爱护他。
- 最有效的方式是思考孩子的挑战性问题，带着这些思考入睡。经常是，你醒来的时候，会想到适当的语言、行动、歌曲或者故事来处理这个问题。

169

二、疗愈故事

大多数故事，不管是以什么形式，都有疗愈的作用，尽管并不太明显。对于意识仍处于梦幻状态的孩子，故事是最佳疗愈工具。面对棘手的事情，如果以理性的方式直接告诫或尝试解释，可能会困难重重和令人讨厌。

7岁以前，孩子还没有充分发展他的意识理解力。使用抽象的词或逻辑只能使他混淆不清，还会使他不与人交往，好像遇到坚硬的、不可穿透的障碍物，结果可能是不能理解或不关心。孩子主要通过图像和符号来理解，因此童话般的语言是接近他的最好方式。疗愈故事已被证明是应对儿童挑战的好办法，无论是情感问题，还是需要解决的困难行为。

创作你自己的疗愈故事

你可以买一本已出版的疗愈故事集，然而最好的方式是根据特定孩子周围具体情况创作自己的故事。创作疗愈故事应遵循一些基本原则。

如何创作疗愈故事

- 确立要应对的挑战行为，如扔东西而不想收拾的行为、与父母分开而引起的极度伤心、怕黑等。

- 确定孩子的年龄、性别和生活状况。

- 选择一个孩子认同的角色。有可能是一个人、一个小孩或象征人的动物、植物等。这种表现不应是确实的或接近现实的，以免让人对立起来。

- 创作一个简单的情节，孩子越小，情节越简单，故事越短。故事的情节反映的是主人公经历的部分人生旅程，挑战的事情或行为是反面消极阶段的表现形式。

- 就童话故事影响而言，在问题解决前至少有3种尝试的挑战或障碍。3是一个正常在童话故事发现的精神数字。

- 让故事主人公不受任何评判地经历消极阶段。

- 结果是一个快乐的结尾——挑战的解决。

- 运用简单的、真实的语言，短句子和许多图像。

- 在适当的地方，使用重复语言和童话语言，如"从前""并且""因此""他们一起快乐地生活到这一天"……这些语言是令人鼓舞的，让故事有永恒的品质。

- 在故事中尝试插入一些歌曲或诗歌，这些也可以不断地重复，会让故事有节奏感。

- 每天在同一时间反复地给孩子逐字逐句地讲故事，直到不必再讲为止。建议不做任何解释——比如定义特别的词，解释故事情节，说明图像或为什么选择故事。

这才是快乐的创作！

小扫帚

针对不愿意收拾的孩子的疗愈故事

苏珊·佩罗

小蓝帽和小红帽一起住在一棵山楂树下。但是你知道吗,他们的家是你所见过的最乱糟糟的家了!

到处是,到处是,面包屑,
桌子底下是面包屑,
椅子底下是面包屑,
地垫上是面包屑,
床底下是面包屑,
小人们睡觉的枕头底下,
也全是面包屑!

他们有一把小小的用稻草扎的扫帚——就在房间的一个角落里,但是小蓝帽和小红帽不用他们的扫帚。这把扫帚看着房间乱糟糟的样子,就唉声叹气:"要是有人会用我,我可以一眨眼就把房间收拾干净!"

现在小蓝帽和小红帽该打扫房间了,但是轮到小蓝帽打扫时,他都嫌麻烦。他会拿着扫帚,慢吞吞地在房间打转,唱起他的《麻烦歌》:

别烦我,别烦我,
不要拿工作来烦我,
一整天的时间,我只想用来玩,
扫地实在太麻烦。

所以当小蓝帽扫完之后,和没扫的时候一个样,到处是面包屑。而轮到小红帽了，小红帽总是急急忙忙。他会拿着扫帚飞快地扫完整个房间，唱着他的《飞快扫歌》：

扫帚歪歪，扫帚扭扭，
小小扫扫，东扫扫，西扫扫，
扫帚扭扭，扫帚歪歪，
小小扫扫，东扫扫，西扫扫。

等小红帽扫完之后，本来没面包屑的地方都沾上了面包屑！

有一天，小金帽来他们家做客。他一进门就看到地上到处都是面包屑。"哦，我的天啊，"他说，"扫帚在哪儿，我必须要扫扫这个房间。"小金帽径直走到房间的角落里，拿起了扫帚，唱着他的《统统扫干净歌》，开始扫起来：

统统扫干净，统统扫干净，
小金帽会把房子扫干净，
打扫面包屑，我手不停，笑吟吟，
小金帽打扫房子，开心又带劲。

小金帽到处都扫到了。他扫了桌子底下、椅子底下，扫了整个地垫，扫了床底下，连小人们睡觉的枕头下都扫了。小金帽扫完后，面包屑在屋子的中间堆成一堆。小金帽将扫帚放回角落，小扫帚累极了，一下子就睡着了。然后小金帽、小红帽和小蓝帽坐在桌前，享用了葡萄干面包和茶。

三个小人，三顶小帽，
三个小人围着坐，
金帽儿、红帽儿和蓝帽儿，
一起做家务，共享安乐窝。

三、生日故事

生日是人生命中重要的里程碑，尤其是前 7 年更是如此。这是因为最大的变化和最重要的学习都在这个时期发生。我们不难看到新生婴儿和 1 岁小孩，以及 2 岁小孩和 6 岁小孩之间在身体发育、心智成熟和意识发展上的巨大差异。

儿童早期还是一个仍然和精神源头紧密连接的人生阶段。随着孩子在世间不断地长大，我们应尽力帮助孩子维持他之前的生命与此刻的生命的连接。每年的生日庆祝能很好地起到这个作用。生日是一个庆祝人诞生的特别节日，是人来到世间最重要的日子。以有意义的方式庆祝孩子的生日，我们会帮助他不断地往前发展。

如何计算生日，存在一些文化差异。在西方国家，孩子在出生时是 0 岁，12 个月岁后为 1 岁，然后依此类推，为 2 岁、3 岁等。在大多数其他文化，比如中国文化里，婴儿刚出生那一天为 1 岁，也就是他出生后的第一个新年为 1 岁，到了第二个新年那一天为 2 岁。如果小孩出生在新年前，哪怕他只是出生 1 天或几个小时，他也是 1 岁。

因为确定生日的方法有所不同，因此庆祝生日的方法也多种多样。传统上，有些人只在孩子满月时庆祝一下，以后等女人到了 30 岁或 33 岁，男人到了 40 岁，才会注意到生日。这些生日被认为是不吉利的，人们在这一天做特别的事情，以便消除厄运。然后在 60 岁和每隔 10 岁都会隆重庆祝和纪念生日。现在，全世界大多数人都会按照西方的方式用蜡烛和蛋糕庆祝孩子每一个生日，并唱《祝你生日快乐》。

一个有意义的 5～7 岁的生日庆祝会

- 提前几天准备生日礼物，最好亲手制作礼物。它包含你对孩子全部的爱与心思。孩子会感觉得到，并被它所触动。礼物要用礼品纸包装好，也可以放在小篮子里，用彩色丝绸盖好。礼物也可以是自制的书，里面有专门给孩子写的故事，还可以是家人画的书，或者自制的软娃娃或玩具等。如果去买一本书，就选适合年龄的内容和制作精美的书。

- 准备生日故事，并确定讲故事的人。这个人需要记住故事。

- 提前一天准备孩子喜欢的蛋糕。蛋糕是用健康的原料制成，上面有冰奶酪和草莓等水果。在蛋糕上插上足够的蜡烛，你还可以买蜂蜡生日蜡烛。

- 邀请一小部分家人、亲戚和朋友。

- 用彩布和花装点房间，准备一些椅子，围成一圈。

- 将生日桌放在圆圈中间，用桌布盖好。再放上蛋糕，以及送给孩子的礼物。

- 妈妈和爸爸坐在过生日的孩子两旁，如果有兄弟姐妹，坐在父母边上。当大家都坐好，指定的人就开始讲故事（见下页生日故事），点燃每一根生日蜡烛，然后插到蛋糕上。当讲到故事中适当的点上，如"他因为他们的爱和关心选择了他们……"，就把孩子提起来，放到妈妈的怀中或大腿上。

- 大家齐唱生日歌，然后生日的小主人公吹灭蛋糕上的蜡烛。

- 大家开始一个接一个送礼物。

- 蛋糕和大蜡烛被移到之前准备好的餐桌上，桌上放好花、盘子、汤匙、餐巾和饮料。

- 妈妈或爸爸切蛋糕，让孩子给每个人分一小块。

- 大家唱进餐感恩曲，然后吃蛋糕，孩子们去后院或花园里玩。

- 可能还有成人安排的聚会游戏，然后再吃中饭或晚饭。

- 聚会不宜太长，在孩子玩累前结束是最好的。

生日故事
根据 3~5 岁生日故事改编

从前天上住着一个小天使。大天使照看小天使，并带她去看太阳、月亮和闪烁的星星，小天使都会收到来自这些地方的礼物。有一天，大天使对小天使说：

"你已收到你需要的所有礼物，现在是你降落凡间的时候了。有许多事情你需要下去做。"

大天使牵着小天使的手，带她到彩虹开始的地方。

"我不能陪你下去。摘下你的翅膀，把它们交给我。我会照看好，直到你回来。鼓起勇气，再见。"

小天使取下翅膀，交给大天使。然后她勇敢地踏上彩虹桥，她走啊走，一直走到彩虹的另一端。她俯瞰着地球。在××城中，小天使看见房前有花园的小屋。妈妈正在花园里采花，爸爸在旁边安篱笆，一只小狗在草丛中睡着了。小天使思忖道："我想要这个妈妈和这个爸爸，我想要生在这个人家。"

因此她就来到这个人家，妈妈和爸爸等她等了很长时间。他们欢迎她，对她因为他们的爱和关心选择了他们而高兴。一段时间后，婴儿出世了，妈妈说："给她起名字叫_____。"

_____是个快乐的小孩。她长得很快，不久她能坐，还能自己爬，然后有一天她站立起来。她开始迈开第一步，然后长到 1 岁（妈妈点上生日蛋糕的第一支蜡烛）。当她 1 岁的时候，_____和爸妈一起去海边度假，她进入大海，爸爸抱着她，学习游泳。然后她满 2 岁（妈妈点燃蛋糕上的第二支蜡烛）。

当她 2 岁的时候，有一天，她奶奶来看她，他们在一起很快乐，她非常喜欢奶奶。然后她到了 3 岁（妈妈点上蛋糕上的第三支蜡烛）。

当_____3岁的时候,她的弟弟出生了。他还很小,_____每天帮妈妈照看小弟弟。后来她满4岁了(妈妈点上蛋糕上的第四支蜡烛)。

当_____4岁的时候,她成了一个大孩子,开始上幼儿园,她在那儿交了很多朋友。她很喜欢和朋友们玩,今天是她5岁的生日(妈妈点上第五支生日蜡烛)。

现在让我们给_____唱生日歌。

第六章 学前准备

第一颗乳牙的脱落,通常被视为孩子新的发展阶段的明显指标之一。综合其他因素考虑,6岁儿童现在

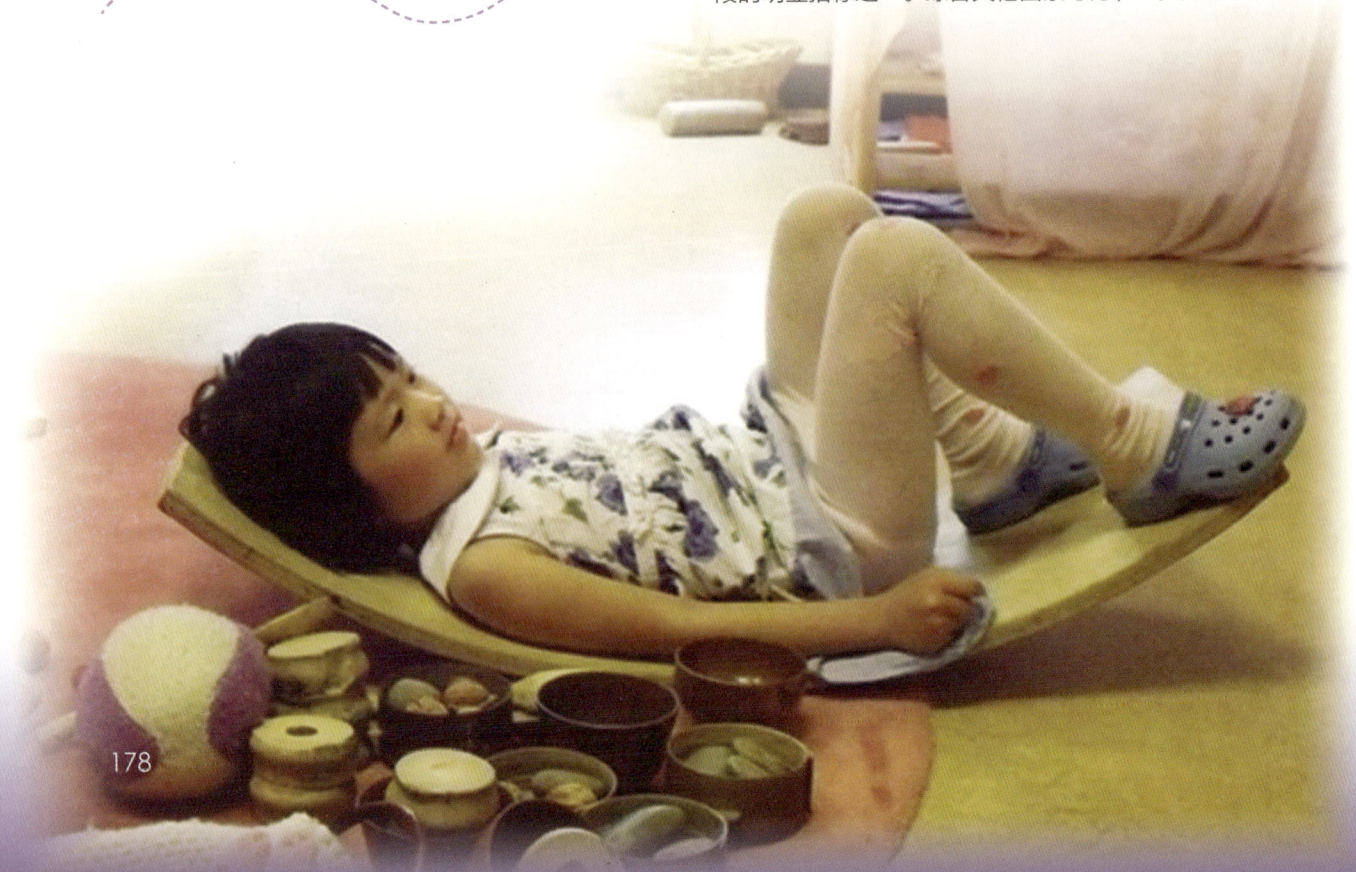

准备离开幼儿园，在一个新学年开始时，去上小学一年级了。

通常，孩子的恒牙在孩子的乳牙脱落时就已经开始形成了。覆盖恒牙的釉质是人的身体所产生的最坚硬的物质。每颗牙齿的形状、坚硬的程度，整个牙形的品质，换牙的早晚，依赖于遗传、个性、营养、环境等很多因素。每个孩子在这方面都是独特的，孩子是否准备好了上学，不能仅仅看换没换牙。

通常是学校根据年龄划分政策来决定孩子什么时候上一年级，但将孩子视为由很多不同的因素构成的全人会更好。学前准备的测试一般包含肌肉技能的发展、适当的语言发展、情感状态、艺术能力、智力准备、独立性等。普遍认为孩子最佳上一年级的时间是6~7岁之间。

学前准备

- 识别你的6岁小孩开始学前准备的信号。
- 与幼儿园老师讨论后，再决定是否让孩子去上一年级。
- 举行仪式和典礼，因为第一颗乳牙脱落对你和孩子来说都是神奇和重要的事。
- 以特别的仪式庆祝孩子上一年级的第一天。
- 重要的是，帮助孩子养成一天刷一次牙的习惯，理想的是一天两次，早餐后一次，睡前一次，这样能保持牙齿长期健康。

当你的孩子开始上学，巩固一天至少刷一次牙的习惯，理想的是一天两次，早餐后一次，睡前一次，这样才能保持牙齿的健康。

学前准备观察

要留意观察的一些事情:

- 肌肉运动能力:能够完成一些基本运动技能,如坚实地走路、平衡、从适当高度跳下、攀爬树、跳绳……一个可靠的测试,就是看孩子用右手从头顶摸到左耳,或用左手摸右耳。

- 精细动作能力:会手指编、打结、缝针线、用剪刀裁、扣扣子……

- 情感成熟度:会交朋友,单独去朋友的家,在游戏中会谈判,懂得互谅互让、帮助他人,有时独处,能用和谐的颜色完成一幅画。

- 画一幅平衡的画:完成一幅天空与大地(草地、地面)的画,画男人、女人、小孩与树、动物的画,在画中达到各个部分的平衡。

- 语言:流畅清晰地讲话,能说长的句子,有丰富的词汇,能押简单的韵,准确运用名词、形容词、副词、代词,能进行一对一对话。

- 智力发展:能推理,以真实内容提问题,有长期记忆能力,会编故事,对文字、数字、时间感兴趣等。

- 自强自立:照顾自己身体的需求,保持干净,保管玩具、衣服、书,吃饭不需要帮助,洗自己的碗,会收拾,会自己玩。

一、再婚家庭

现在许多孩子是在再婚家庭中长大，他们的父母已离异和再婚或有新的伴侣，并且新伴侣也有他们自己的孩子。如果父母能解决他们的冲突，并为他们孩子的需要创造最佳条件，那么一个孩子进入再婚家庭就会感到融洽。如果离婚处理妥当，就不会给孩子成长带来不利影响。在再婚家庭中的孩子需要：

- 安全的基础——父母需要在他们离异后为他们的孩子创造安全的物质、情感和精神的基础。
- 成人冲突的解决——无论口头冲突还是心理冲突，只要没解决，都会给小孩带来不好的影响。
- 保证孩子不受责备——孩子通常因为父母离异而内疚，但要让他们明白自己不应受到责备。
- 信任父母——孩子需要感受到和知道他们能信任他们的父母和他们一直有父母的支持。
- 父母承认他们的错，并对孩子诚实。
- 父母考虑孩子的需要和情感。
- 父母与孩子建立亲密关系，并设身处地为孩子着想。

解决冲突

- 首先搞清楚这是打着玩还是真的打架。
- 如果两个孩子都认为这是打着玩，你就不需要干预。只是帮助定一些规则和界限，比如不扯头发、不咬，或者不使用硬物，比如鞋子、木块等。
- 气球大战或者枕头大战是释放压力很好的方式，特别是成人加入，可增添乐趣和欢笑。
- 如果孩子说这是真打，最好是先轮流和每个孩子沟通，试图了解两个孩子的观点，而不是解决问题。
- 专注地倾听，认可每一个孩子痛苦和愤怒的感觉。
- 尽量放下你自己负面的情绪和评判，真正理解当下对立的双方。
- 帮助孩子找到他们自己解决冲突的方式。

解决不良语言和行为问题

- 如果孩子的语言和行为没有过分的粗鲁或挑衅，最好忽视。

- 面对与性相关的词或者游戏，不要表现震惊或者难堪。把它们当作平常的事情，引导孩子使用其他的词或者改变行为。

- 说脏话只是语言发展阶段的一部分。你可以组织语言游戏或者韵律游戏，引导孩子发展健康和更强的语言能力。

- 鼓励你的另一半花更多的时间与你6岁的儿子或女儿独处。

- 无论男孩还是女孩，争取让孩子独自与母亲相处的时间，和与父亲独处的时间，以及与家庭在一起时间之间达到平衡。

二、分居之后的三种父母关系

1. 融洽的和合作的父母关系——父母同意共同照顾他们的孩子，愿意定期与孩子讨论。如果孩子接近6岁或6岁多，与孩子商量是恰当的。父母应根据他们和孩子对共同的价值观、计划和决策的交流，商讨一下以孩子为中心的意见，并拟定一个任务声明，同时制定一个包括孩子在内的生活安排。

2. 各执己见的父母关系——父母双方发现很难合作，但尊重彼此的选择，按自己的方式养育。通常父母做出的计划和决策不会给孩子太多痛苦，但相互之间沟通不多。有时也称这种父母关系为平行父母关系。父母双方通常会单独与孩子定期见面。父母恪守共同的约定越久，家庭生活的成功几率就会越高。

3. 不融洽的或冲突的父母关系——父母一方或双方选择继续长期与对方冲突。有时冲突会进行好多年，对孩子的成长是非常不利的。

你可以做什么
——分 居

- 让冲突远离你的孩子，并试图尽快解决冲突。

- 通过沟通，尽量理解你孩子对人生中重要的事情的感受。

- 通过言语和行动，让你的孩子知道分居不是他的错，定期查看，确保他对此已完全理解。

- 即使可能有困难，也要对父母的另一方有积极的态度。

- 避免让你的孩子成为你和你前任的传信者，避免接收孩子传过来的信息。

- 绝不要求孩子或暗示你的孩子支持自己、反对另一方。

- 尽可能避免家庭诉讼——私下商谈，而不是对簿公堂。

管理冲突

- 调整你的分居情绪。

- 摆脱不信任、愤怒、拒绝或痛苦。

- 为你的情绪找到安全的出口。

- 把注意力集中在自己是父母和成人上,而不是前妻(夫)上。

- 在你自己的需要和你的孩子的需要之间找到平衡。

- 化过去的仇恨为心灵的安慰。

- 寻求解决方案。

- 听取家人、朋友、亲戚或专业人士的建议。

- 不要使用暴力。

化解冲突

分居后问以下问题,有助于为你的孩子打下一个安全的基础:

- 你对再婚家庭、你的孩子和他们的未来有什么看法?如果你的孩子较大,就让他们一起来谈,并记录已达成的解决方案。在家庭会上回顾意见协定,以便重申你家庭的共同使命和价值观。

- 成为分居家庭或再婚家庭的孩子感觉如何?如果孩子足够大,可以问问他们的感受。

- 在这段时间,你做什么事情才能帮到你的孩子?问你孩子的需要。

- 为了在这段时间帮助你的小孩,你想做些什么事情?从你的孩子表达的观点就能知道答案。

三、和兄弟姐妹的关系

这个阶段大多数孩子都克服了最初对弟弟或妹妹的嫉妒感。如果处理得好，6岁左右的孩子可以成为与她年龄相近的兄弟姐妹的很好的玩伴。如果年龄相差大一些的话，他有时会成为年幼弟妹的榜样和帮手，或者成为大一点的孩子的跟随者或者崇拜者。

然而还是会有兄弟姐妹争吵和打架的时候。父母总是干预并试图帮助他们解决问题，并不是个好主意。在大多数情况下，如果孩子都过了3岁，他们的愤怒情绪到了一定程度，需要以某种方式释放。他们试图通过打架的方式释放，不过不成功而已。成人能做的最好的事情是，帮助孩子减少愤怒的感觉引起的紧张感，然后引导他们自己找到解决方案。

> 父母必须对孩子的需求有所反应和保持敏感，而不是关注自己的冲突。

四、性和性别典范

在 6 岁左右，大多数孩子开始对性方面和性别区别表现好奇和兴趣。发现这个年龄的男孩或女孩在窃窃私语说这个话题、看彼此身体的秘密部分、玩性影射的游戏或者说与性相关的脏话，是十分正常的。如果把这个当作健康发展的一个部分来对待，用幽默和实事求是的理解，用一种转移注意力的策略，孩子关注的程度很快就会减弱，其他方面的发展就会及时地优先发展起来，重要的是一个平衡的、全面健康的发展。

当这个发展阶段发生的时候，6 岁的孩子有一种更强地认同与自己同性别的那一方父母亲的需求。年幼的婴儿花大部分的时间和妈妈在一起，长大之后，6 岁的女孩自然地认同作为女人的妈妈；而 6 岁的男孩，会渴望与父亲单独在一起，观察和模仿父亲男人的姿态和行动，接触爸爸的男性身体或者在一起掰手腕。女孩也有需求和愿望和父亲在一起，但这个需求不一定集中在这个年龄。

五、收养的孩子

如果孩子是收养的，他会更经常、更强烈地确信你的爱和接纳，特别是在开始的时候。

是否告诉以及何时告诉他关于收养和亲生父母的事情是家庭的事。从那些婴儿时期被收养的成人的经验来看，在他6岁后这个幼年的最后阶段告诉他收养的背景对孩子是最有益的。

收养的孩子和养父母有特殊的命运。对于大多数人来说，这不是一条轻松的路，无论收养的原因是什么。然而，每一个人经历的痛苦、欢乐、挣扎、自醒、反思，外在和内在的发现，都是人类意识最重要的旅程之一。据说，这样的情形深深扎根于过去，并对将来产生影响。

这种经历可能也是现代意识时代特别典型的事情，真正有意义的关系不一定依赖于血缘纽带。

你可以做什么
——收养的孩子

- 用童话的语言和图像编一个故事，每年在生日庆典的时候讲给养子听，直到他7岁为止。

- 在第六或第七年，孩子可能会听到其他人谈论他的亲生父母。他可能开始问你问题。从他所提的问题中，你可以决定给他讲多少、如何讲、讲什么。

- 总是让他确信你的爱和接纳。

- 如果家里还有亲生的孩子，要尽力同等对待两个孩子，不让领养的孩子感觉到或者想象他被区别对待。

- 思考你和这个孩子的命运之谜，通过领养是要带给你和他什么样的学习。

第七章
家庭之外

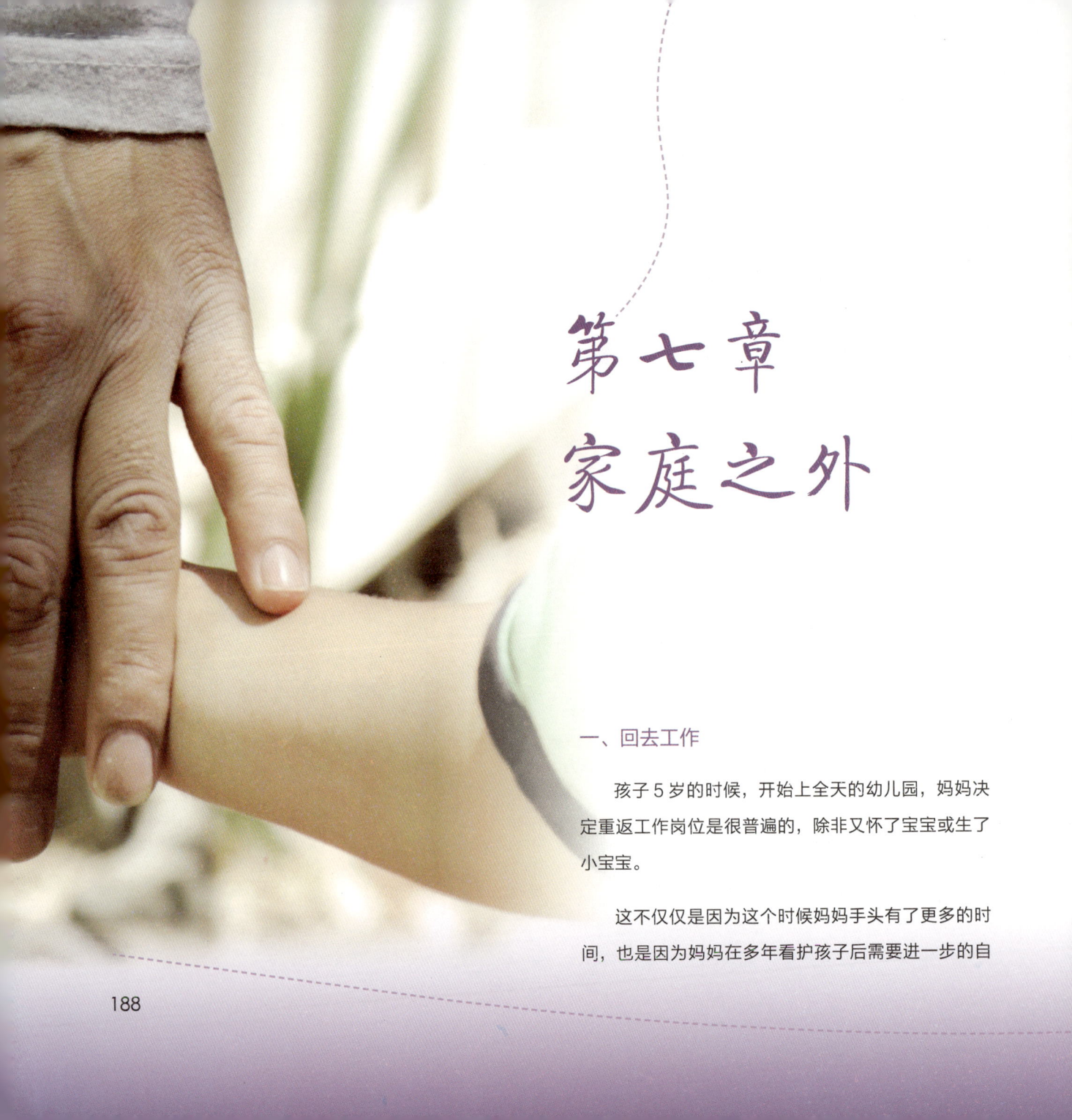

一、回去工作

孩子5岁的时候，开始上全天的幼儿园，妈妈决定重返工作岗位是很普遍的，除非又怀了宝宝或生了小宝宝。

这不仅仅是因为这个时候妈妈手头有了更多的时间，也是因为妈妈在多年看护孩子后需要进一步的自我发展，以及重新发现自己身为成人的一面。这是一个健康的可以理解的需求，但还是需要仔细考虑，确保在这个过程中没有给孩子造成不利。平衡工作和家庭是一个永远存在的挑战。

二、儿童看护

虽然很多 6 岁的孩子看起来很成熟和独立，但他们仍然还是年幼的孩子。在表面之下，总是有某种不安全感、对未知的恐惧和缺乏经验表现出的脆弱，他们仍然需要保护和温暖的拥抱。

不要让你的 6 岁孩子独自待在家里，或者让孩子独自出去跑腿。

如果所有的成人白天或者晚上都要外出，最好请一个保姆照看你的孩子。你也可以找祖父母、亲人或者朋友。

你可以做什么

- 最好是父母一方可以送孩子去幼儿园，并至少一周接几次。如果你离学校较远，尝试和住在自家附近的其他家长轮流接送。

- 不论是在自家或朋友家，都不能接触电视等。

- 放学之后的安排是很重要的。在一天的幼儿园生活之后，孩子需要与父母度过"只有家人"的时光，也需要一些与朋友交往的时间，尽量在其中找到一个平衡。每天放学后都去朋友家就太多了。

- 尽可能将周末留给家人。如果需要将工作带回家，每天至少要安排一个特定的没有工作打扰的时间和空间给孩子和配偶。

三、儿童看护类型

祖父母通常是最好的儿童看护人。如果请邻居照看，让他们全天都待在你家里，而不是待在他们自己家，只是时不时过来看一下你的孩子。保姆最好是18岁以上并有照看孩子的经验的人。要了解别人推荐的保姆的情况，确保他（她）没有朋友或不会在你家开聚会、放劲爆音乐、抽烟、喝酒。对你所雇的保姆要交代清楚，要给他留个电话，强调有任何需要就联系你。

四、放学后玩耍

5岁左右的孩子，只要身体正常、健康，就会开始认真地与人交往。关于交往，有些孩子还会早些，有些孩子稍晚点。结果就是，5~7岁的孩子放学后无论什么时候看到你，都会唠叨个不停："妈妈，我今天可以去约翰家吗？""妈妈，迈克斯今天可以来玩吗？""求求你，求求你！"等等。

作为社交过程的一部分，大孩子在幼儿园玩耍和3~5岁孩子玩的不同。孩子们现在会与朋友成群结队地玩。他们窃窃私语、组织计划，有异想天开的玩法。这种情况直到放学才停止——他们还想继续这种社会活动、这种合作的玩法，因此就有了放学后玩耍的问题。

我们做父母的职责就是理解这种发展需要，找到一个平衡的解决方案。孩子在幼儿园玩了一整天，最好是回到家里，和妈妈或爸爸以及兄弟姐妹一起享用一顿下午茶——坐在空气清新的花园里，或外面寒冷、有风或下雨，到室内喝杯热茶、吃小吃，是多么舒适啊！这是一种理想的画面。为了做到这个，同时满足孩子在与朋友交往时的需要和愿望，制订一个全面计划可能会有帮助：

- 每天放学后，只要老师同意，让你的孩子在幼儿园场地玩一会儿，以便结束和朋友的交往。
- 让你的孩子每周一次放学后邀请一个朋友来家里玩几个小时，如果他朋友想的话，也可以和家人一起喝下午茶。
- 你的孩子放学后一周一次也可以去朋友家玩，这取决于你和其他父母的关系以及你孩子的性格和需要。
- 让你的孩子与各种不同的朋友交往，尽管在这个年龄，我们应当尊重孩子，他可能喜欢与"最好的朋友"保持特别的友谊。
- 鼓励孩子与男女两种性别的孩子交朋友和一起玩。
- 邀请其他孩子和他的父母以及兄弟姐妹下午来家里玩一会儿。
- 如果孩子已邀请朋友来家，特别是他也已在这一周去过其他朋友家，那么就应把周末时间留给家人了。

你可以做什么

- 尝试在学校放假的时候请一些假，和孩子一起放松。剩下的假期要安排好对孩子的照顾。
- 把孩子假期的一部分作为每年的家庭假日是很好的，爸爸、妈妈和孩子可以在一起相处一段时间。
- 在长假中尝试安排一个每日节奏，包括玩耍时间、休息时间、远足时间、艺术和手工活动时间。
- 在学校期间，在去幼儿园前和回家后，每天保持一个一致的节奏。
- 用你的时间和方式在家里庆祝节日——根据你的喜好，选择对你的家庭意义重大的节日。

五、在外过夜

在 6 岁左右，大多数孩子都感觉准备好要离开家和父母，在祖父母家小住一晚。这是与家人分离，特别是与母亲分离过程中的一大步。这对于孩子和母亲来说都意义重大，这是一个新的开始。

在这个阶段之前，孩子和母亲之间有一种很深的连接，不仅仅是物质层面的。这是一种生命能量的连接，这就是为什么熟睡中的妈妈能够预感到孩子的饥饿或不舒服，以及妈妈在第一次送三四岁的孩子去幼儿园时会感到非常难过。当孩子一天一天长大，这种连接就越来越没有那么强烈了。当孩子 6 岁或 7 岁的时候，这种连接或多或少完全地转变了。母子之间还会有不同层次的分离和不同性质的连接继续存在。

这个特定的分离会释放孩子自己的能量，以发展智力思考和其他能力。这些能力在小学的学习中是需要的。这个过程是缓慢的，会需要一些时间——不确定和调整的时间，以及兴奋和敢于面对的时间。对于母亲来说，这里面混合了各种情感——既有失去某种珍贵东西的痛苦，不愿意放手，也有自由的感觉，看到孩子长大而喜悦。

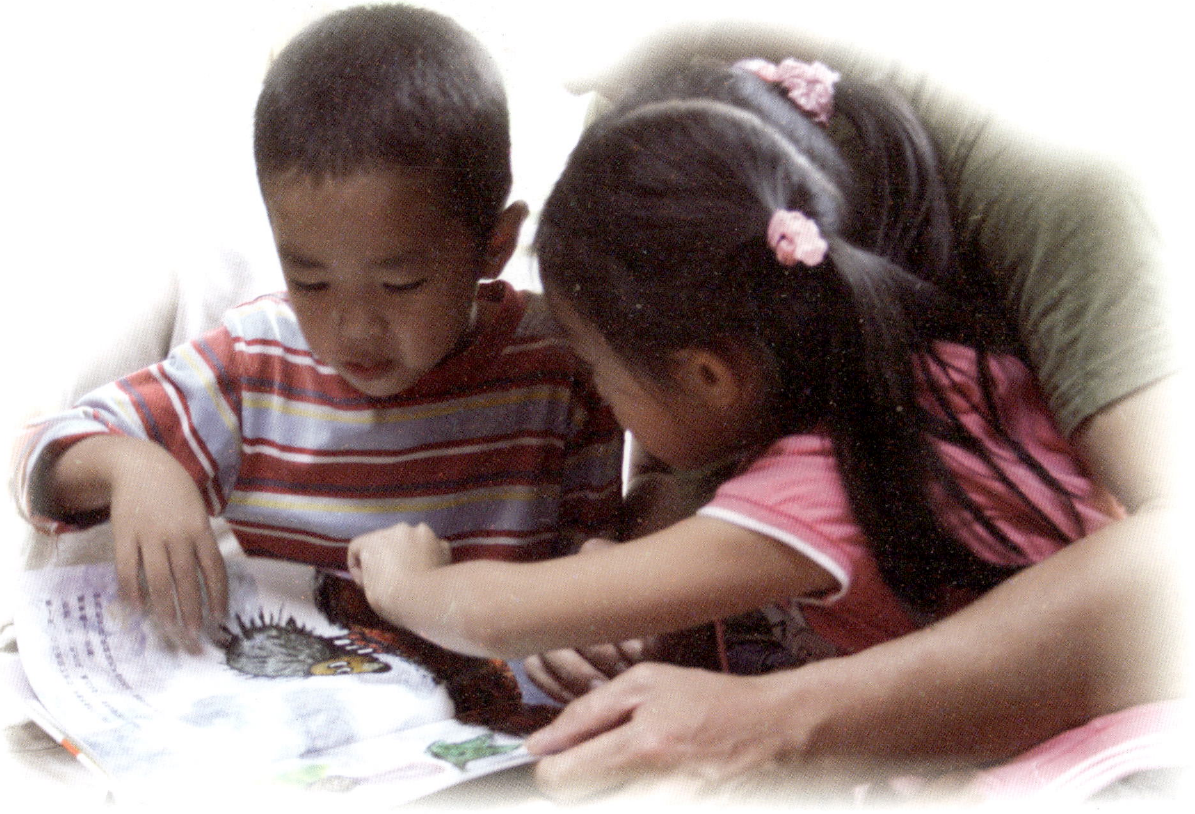

第八章
父母也要支持自己

一、做父母的，也要给自己支持

- 拥有健康和快乐的孩子的前提是你自己在身、心、灵三方面的健康和平衡。
- 无论什么时候心情不佳，都要在上床前都洗个营养浴。
- 无论你每天有多忙，都要留给自己休息的时间。
- 你身体的健康很重要，因为孩子需要你的生命能量来发展和成长。尽量保持合理的生活方式，有充足的睡眠和休息，吃大量新鲜的蔬菜、水果、全麦，饮用纯净水。散步、游泳、太极、瑜伽等身体的锻炼也是必不可少的。

• 保持情绪、心理、精神健康处于平衡的状态。如果有不太好的、不再合适的习惯，要识别它，并做出改变。学习控制并疏导愤怒、不耐烦、不能容忍等情绪，培养清晰的思维和冷静、正向、开放的心态。

• 静思和精神练习会给人类生活带来意义和品质。任何时间开始做这些练习都是可能的。

• 需要的时候，寻求建议或帮助。

营养浴

1. 往浴缸倒入热水，水的温度以你感到舒适为准。
2. 混合一升鲜牛奶，最好是有机牛奶。
3. 添加一大汤匙的蜂蜜。
4. 搅拌鸡蛋（如果可能，用有机的鸡蛋）并加到水里。
5. 在水里把一个鲜柠檬切成两半，然后挤出汁，把柠檬留在浴缸里。
6. 搅动水混合各种成分，然后浸泡在水中，尽可能时间长些，以舒适为宜。
7. 从浴缸出来，用暖和的浴巾擦干身体，立刻到床上，盖上毛巾睡觉。或者，如果喜欢，就马上换上暖和的睡衣去睡。

支持你自己

• 幼儿的经历是他今后生命的基础。

• 就地球上的生命来说，孩子幼年的养育工作，是人类最重要的任务。如果是以爱、真诚的意愿和极大的奉献去做的话，那么就为人类进化做出重大的贡献。

• 你已经完成了你的任务，为他下一个阶段的发展做好了准备。

• 你值得得到整个世界给你的祝贺和感激。

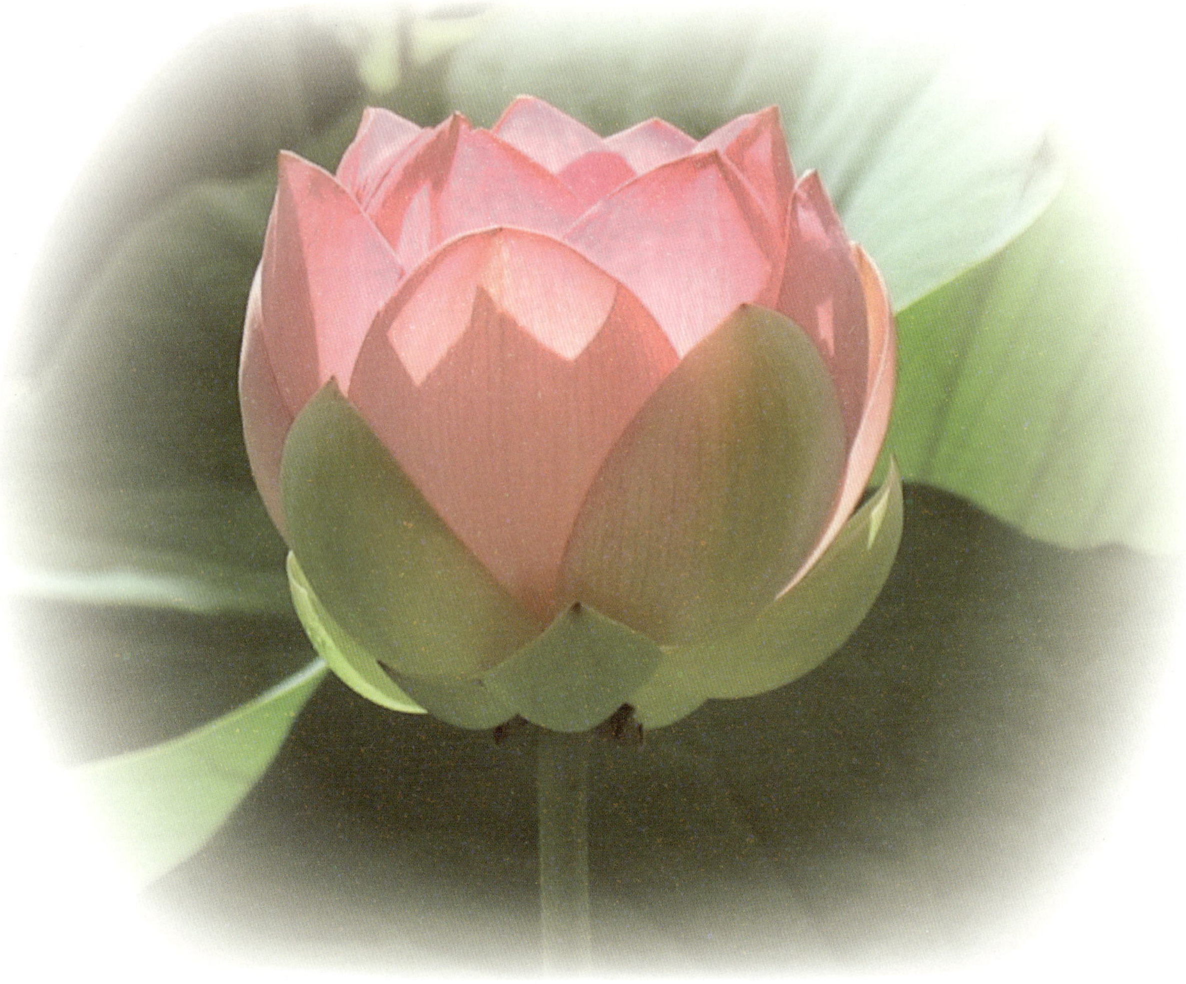

二、0～7岁的反思与总结

幼儿的经历是他今后人生的基础。就地球上的生命来说，儿童早期的养育是最重要的人类任务。如果是以爱、真诚的意愿和极大的奉献去做的话，那么就会为人类进化做出重大的贡献。一旦你的孩子到了7岁，你就完成了为孩子下一阶段发展做好准备的任务。你值得全世界给你的祝贺和感激。

回到每个生命诞生的时刻，每一位妈妈或爸爸内心充满惊喜，感激他们被赋予发展和提升自己的机会。通过头七年的养育，我们具备了人的不同程度的宝贵

静思儿童

静思儿童的练习有助于提升我们反省的能力，特别是它能帮助我们找到儿童不同发展阶段所出现问题的解决方案。

这是一个经得住检验的方法。

- 在上床前，以一种直立方式坐着（比如在椅子上），闭上眼睛。
- 最好是在较暗的灯光下，周围没有音乐和噪音。
- 尽可能地清除白天的思想和图景。如果它们在静思的过程中干扰你，平静而短暂地看着它们，让它们离开。
- 以清晰的细节和颜色描绘处在困难情形中的孩子，如果问题涉及你自己或者他人的情形，也要专注在这些人身上。
- 停留在这个图景上约5分钟，无声地形成一个关于这个图景的问题。
- 逐一擦除这个图景，直到你的意识空了，没有任何思想或图像。
- 专注于这个无意识状态几分钟，尽可能停留久一些。
- 以感恩之心慢慢回到正常的思维状态，然后上床睡觉。
- 早上，半睡半醒之间，待在床上，关注出现在你头脑里的任何思想或图像。
- 你起床之后，立即写下这些思想和图像，它们通常与问题的解决方案相关。

的品质，如无私、耐心、勤劳、自律、恢复力、自制、慷慨、创造、效率等，最重要的是无条件的爱，它或许是人类最高的价值。我们学会组织、节约、喂养和提供，学会保护年幼生命，学会引领、指导和在各种情况下成为榜样。通过静思自己的孩子和共同的生活状况，我们了解自己不仅属于这个物质地球，而且来自至高无上的领域。随着孩子长大成人，我们也就更加成熟。

三、7～14岁孩子未来的期望

现在是期盼陪同孩子往前走的时候。7岁是一个新的发展阶段的开始。儿童天真烂漫的阶段已经过去。孩子刚发展起来思维和推理能力，开始进入一个快乐的探索期，同时也有忧郁、孤独的经历。他们下一段旅程会引导他们经历不同的成长阶段。

- 7～9岁：对一些孩子来说，会感到一点迷茫和不安全，他们6～7岁的小危机还会持续几个月时间，随后就会是儿童的黄金时代，里面充满学习的快乐、创造和发展的快乐。他们对写作、阅读和初步运算多少会涉入。他们的学习浸润在艺术和创造之中，人生充满了身、心、灵的奇遇。

- 9～12岁：人的发展总是遵循节奏，如吸入呼出的节奏、高潮与低潮、黑暗与光明的节奏。9岁到10岁之间的孩子会经历身份危机——童年开始渐渐远去，青春期开始萌发。面对童年的失去，大多数孩子会感到失望、孤独和悲伤。

- 12～14岁：这个时期被称为青春期或青少年开始时期。这可能会是"丑陋"的阶段，孩子的发展现在似乎有很多敏感的成长特征。对那些需要更多父母支持和理解的孩子来说，会是一个艰难的时期。然而，在那笨拙、粗野的表面之下，隐藏着精神重生的希望。在成人的关心和帮助下，他们会克服这些困难，从15岁到21岁达到青少年最高的成长阶段。

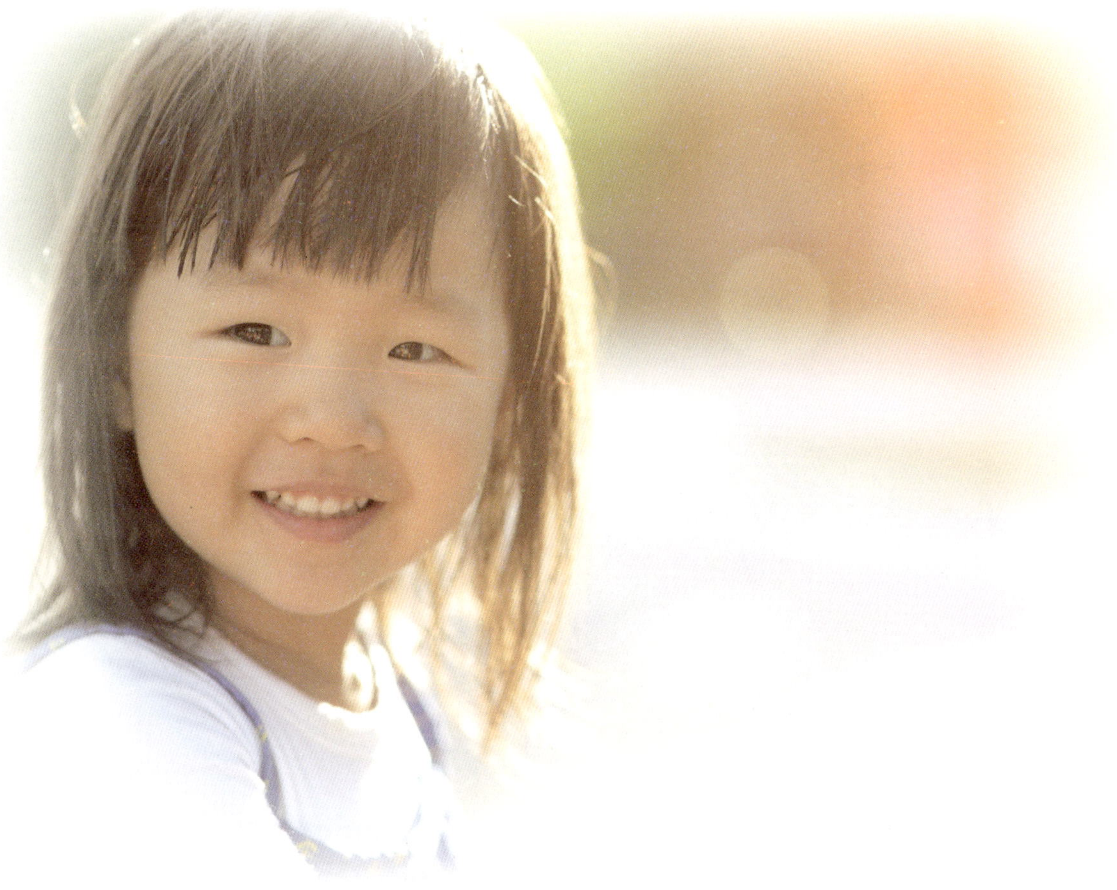

手工玩具：
大人和大孩子的活动

打结布偶

多种简易布偶制作法

你需要准备：

- 任何天然的棉布，尺寸大约40厘米见方。
- 大约30厘米天然毛线。
- 大约20克天然羊毛。

第 1 步

将 20 克羊毛搓成圆球。

第 2 步

用一块 40 厘米见方的法兰绒布,把羊毛球放在织布中间。

第 3 步

用一根毛线按下图所示扎紧。

201

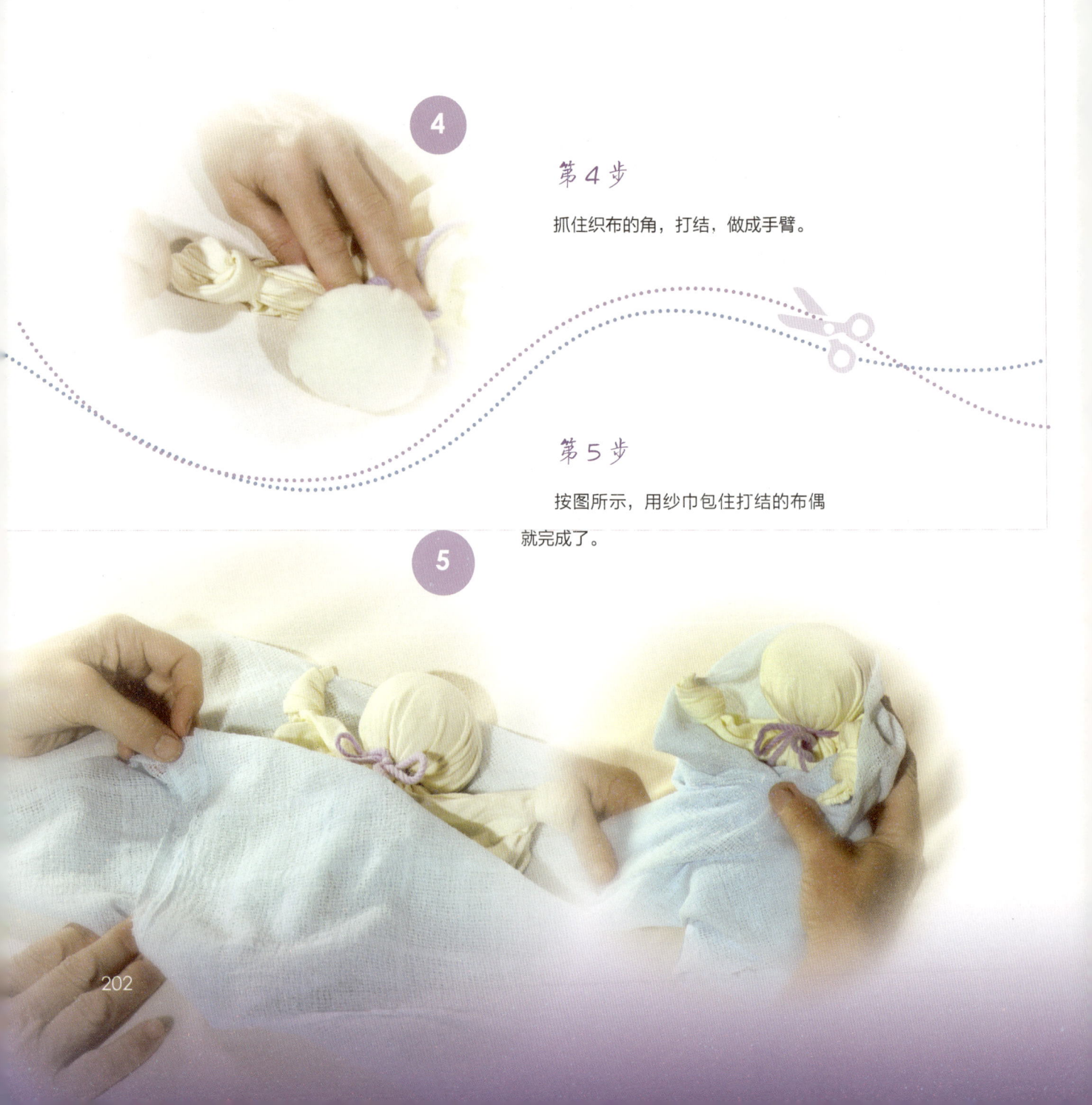

第 4 步

抓住织布的角,打结,做成手臂。

第 5 步

按图所示,用纱巾包住打结的布偶就完成了。

203

手工玩具：
大人和大孩子的活动

羊毛球

100%羊毛球是非常安全的室内玩具，每个球制作时间为30～60分钟。

你需要准备：
- 大约20克白色羊毛或天然羊毛
- 大约5～8克不同颜色的羊毛
- 用于混合搅拌的大碗或盆
- 热肥皂和水溶液。重要的是要记住，幼小孩子制作羊毛球，可能会把球放到嘴里，因此，肥皂或洗涤剂越是天然的会越好。
- 毛巾

羊毛球适合4岁或以上孩子制作——结果通常出于偶然，但给孩子带来巨大的满足。

第1步

抽出 20 克白羊毛或天然羊毛，揉成球状。你也可以把羊毛弄成一团松散的纤维，慢慢形成圆球。为了弄成更圆的形状，可以用几缕彩色羊毛和天然羊毛卷在一起。

第2步

拿起彩色羊毛，轻轻地拉成线。让线粘在一起，也就是变成线团。拉长彩色羊毛，覆盖白色或天然羊毛，把球外部羊毛弄起毛绒。

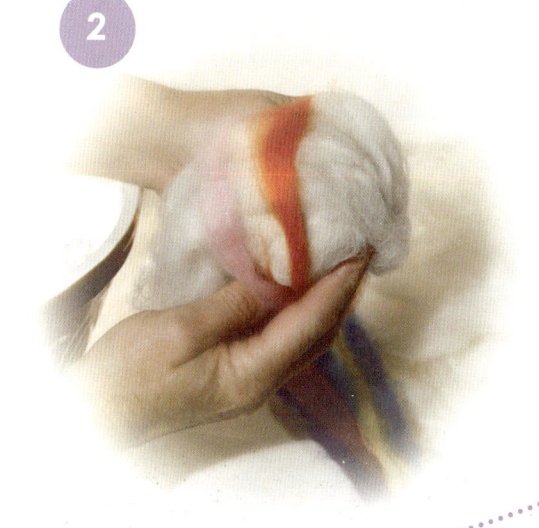

第3步

制作热皂水混合物——需要有泡沫的混合物。注意，水越热，毡制就会更快。如果是和孩子一起做，那就要检测水温，对他们来说，不能太热。

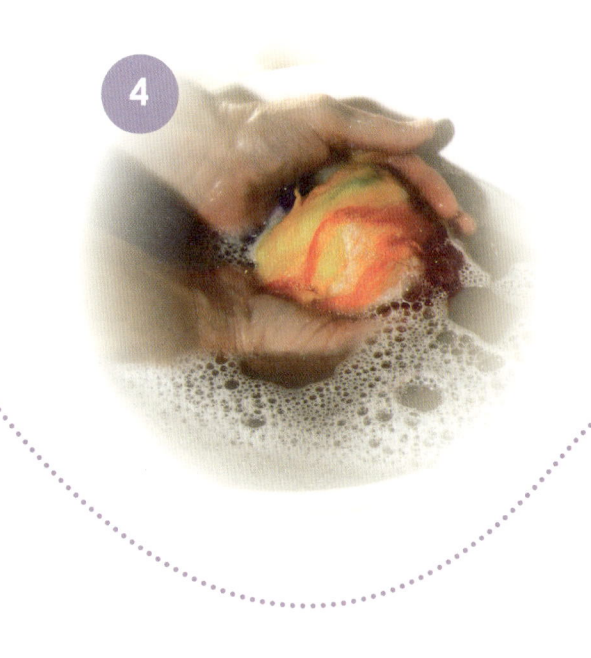

第4步

用手捧着球，浸入水中，然后用双手旋转搓球。让球完全浸满水，以便羊毛吸水。

第5步

继续轻轻地搓球，稍稍用点力。不要挤干球，不然球面就会不平。球上羊毛会缠结，再继续旋转搓球，表面才光滑。有节奏地搓，就会形成均匀的球形。

第 6 步

开始时,球的外层会皱起来。把球滚动几分钟后,羊毛开始收缩。滚动越多,球变得越小。

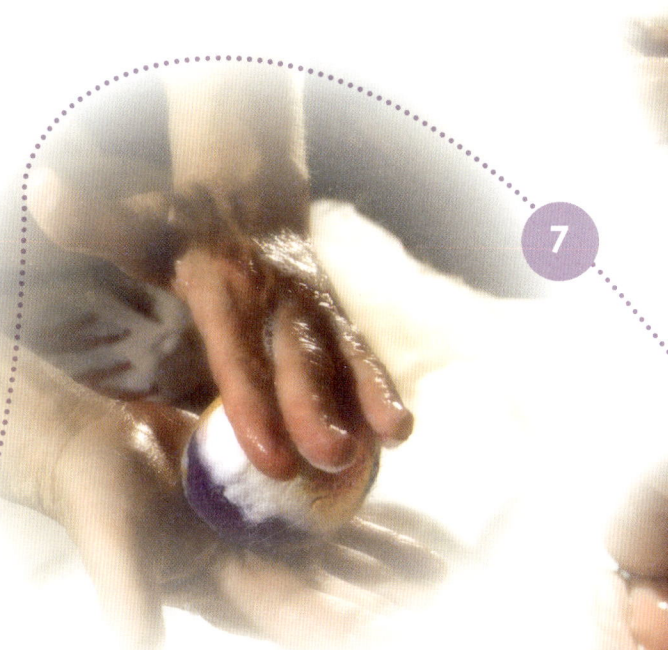

第 7 步

当外层紧紧毡制起来,球就完成了。用清水冲洗球,用毛巾吸干水,然后再旋转成球形,晾干即可。

致谢

谨向中国、越南和澳大利亚的华德福幼儿园及家庭允许在书中使用他们孩子的照片表示诚挚的感谢。

汤·彻丽

当我在编写和修改这本书的时候，我要特别感谢我的儿子约翰、儿媳克尔斯滕和我的孙子索尔、尼基塔经常出现在我的脑海里。还要感谢在我生命中有重要意义的所有孩子和大人们——我在澳大利亚幼儿园的孩子们，我经常接触的中国和越南的许多小孩，鼓励我完成本书的家长和老师，以及我多年的幼儿教育同事们。特别感谢娜娜·戈贝尔和苏珊·霍华德在中国教师和儿童项目中给予最可靠的支持和信任，这个项目奠定了本书的基础。最后，感谢玛格丽特·迈耶科特，她是我第一位真正的幼儿教育老师，我向她致以最深的感谢。

简·汉克尔

谨向帮助我完成这本书的所有人表示深深的、由衷的感谢。特别要感谢和我合作三十年的伙伴德里克·斯派思，他对本书的编辑和校订付出辛勤的劳动。感谢我的孩子们——尼古拉斯、詹姆斯、娜塔莎、艾米莉、泽维尔，他们长大成人给了我们大家爱和学习的机会。感谢本书的设计者玛塞拉·洛佩兹、陈晓凤、梅尔·统玛。感谢阿日那·厄利对本书第一部分 0～3 岁的编辑。感谢彩虹桥华德福学校和彩虹小屋家庭看护以及所有斯坦纳华德福幼儿教师们，他们热情邀请我去他们神圣的学习场所。感谢中国桂林和广州华德福学校允许我拍摄他们美丽的幼儿园。特别感谢所有在书中分享孩子精彩瞬间和童年的孩子和家庭。最后感谢汤·彻丽，她是我小儿子的幼儿园老师，她的爱和智慧从她的幼儿园流淌到我们的家，继续丰富我们家的生活和全世界的家庭。